新电商精英系列教程
电商直播

阿里巴巴商学院 编著

电子工业出版社
Publishing House of Electronics Industry
北京·BEIJING

内 容 简 介

"电商精英系列教程"自 2011 年问世以来,伴随着电子商务大潮在国内的兴起,已经热销 100 多万册,两次荣获电子工业出版社最佳品牌奖,成为全国范围内颇具影响力的电子商务系列教程,是几代电商人和院校学员学习的"绿色记忆",中间经过几个版本的更新迭代,2023 年,第 3 次升级版"新电商精英系列教程"问世!

本套丛书均配有 PPT 课件,由阿里巴巴商学院召集多位优秀电商讲师和电商领域的专家、学者编写。丛书包括 8 本:《网店推广》(第 3 版)、《电商直播》、《电商运营》(第 3 版)、《网店美工》(第 3 版)、《网店客服》(第 3 版)、《跨境电商物流》、《跨境电商营销》、《跨境电商独立站运营》。

《电商直播》内容涵盖电商直播初启蒙、为直播搭建一个好场景、直播间工作人员培养、直播间高效产品管理、直播的营销策划、店铺直播运营的阶段性目标全览、学会达人直播、直播间流量推广方法、直播间数据优化策略和店铺直播的未来趋势观。本书的特色是从人、货、场方面全方位阐述电商直播的相关内容,具有丰富的实用案例,可以让读者迅速掌握电商直播相关知识,入门电商直播。

本书可作为各类院校电子商务及相关专业的教材,也可作为网络创业者和电子商务从业人员的参考用书。

未经许可,不得以任何方式复制或抄袭本书之部分或全部内容。
版权所有,侵权必究。

图书在版编目(CIP)数据

电商直播 / 阿里巴巴商学院编著. —北京:电子工业出版社,2023.8
新电商精英系列教程
ISBN 978-7-121-46038-8

Ⅰ.①电… Ⅱ.①阿… Ⅲ.①网络营销—教材 Ⅳ.①F713.365.2

中国国家版本馆 CIP 数据核字(2023)第 138697 号

责任编辑:张彦红　　文字编辑:黄爱萍
印　　刷:中国电影出版社印刷厂
装　　订:中国电影出版社印刷厂
出版发行:电子工业出版社
　　　　　北京市海淀区万寿路 173 信箱　邮编:100036
开　　本:787×980　1/16　印张:13.75　字数:264 千字
版　　次:2023 年 8 月第 1 版
印　　次:2023 年 8 月第 1 次印刷
定　　价:79.00 元

凡所购买电子工业出版社图书有缺损问题,请向购买书店调换。若书店售缺,请与本社发行部联系,联系及邮购电话:(010)88254888,88258888。
质量投诉请发邮件至 zlts@phei.com.cn,盗版侵权举报请发邮件至 dbqq@phei.com.cn。
本书咨询联系方式:faq@phei.com.cn。

"新电商精英系列教程"编写委员会

主　　任：章剑林　阿里巴巴商学院　执行院长、教授

副 主 任：范志刚　阿里巴巴商学院　副院长、副教授

委　　员：刘　闯　阿里巴巴商学院　博士、教授
　　　　　徐瑶之　阿里巴巴商学院　博士、副教授
　　　　　孙　璐　阿里巴巴商学院　博士、副教授
　　　　　丁言乔　阿里巴巴商学院　博士、讲师

丛书编写企业专家组成员：

　　　　陈　林　　李文渊　　徐鹏飞　　朱华杰
　　　　庞欣然　　王晓琳　　杨志远　　李　广
　　　　上官洪贵　王　鹏　　施建亮

组织单位：杭州师范大学阿里巴巴商学院

序

    数字经济的崛起与繁荣，赋予了经济社会发展的"新领域、新赛道"和"新动能、新优势"，正在成为引领中国经济增长和社会发展的重要力量。电子商务作为数字经济中极具活力和发展潜力的领域之一，持续推动着数字时代各行业商业模式的创新和转型，2022年，全国网上零售额达13.79万亿元，产业电商市场规模达31.4万亿元。随着技术和社会媒体的不断发展，电商行业正在经历着新的转型和变革，在这个过程中，越来越强调消费者体验。智能化进程加速、社交电商和直播电商的崛起，以及数字货币和元宇宙的应用成为当前电商行业的最新趋势，进一步推动电商成为中国经济社会转型发展的重要一极。

    新技术的应用，例如移动互联网、人工智能和区块链等，推动了电商快速发展和营销模式不断创新。同时，这些技术也对整个电商生态系统中的各类参与方提出了更高的要求。从区域发展的角度来看，各大电商龙头企业争夺的"主战场"已经从一二线城市扩展到三四线城市，并向东南亚、非洲和中东等新兴电商市场转移。下沉市场和跨境电商则成为新的风口。从电商平台模式创新的角度来看，传统主流电商平台规则在不断升级，而新涌现的O2O、社交电商和直播电商等多种新模式更注重消费者个性化需求和购物体验。电商创业者必须具备更前沿化和技术化的知识，以适应以数据驱动、网络协同和客户体验为核心要素的智能商务时代。

    在过去三十年中，电商人才培养已经取得了显著的成果。然而，如何更好地培养电商人才以适应行业发展是一个难以回避的问题。一方面，新的电商模式和后发地区的电商升级都面临着电商人才短缺的问题。虽然在校电商专业的学生掌握了一定的理论知识，但在实际操作和应用层面，他们往往难以满足最前沿的行业技能要求。从业人员在实践中积累的知识往往零散、片段化，缺乏必要的体系和提升。另一方面，国内现有的电商相关专业课程和培训内容难以与时俱进。传统的工业时代教育体系已经不能适应新经济时代对人才巨大且崭新的知识要求。

教育部高等学校电子商务类专业教学指导委员会在过去数年中，在电商人才培养的总体目标、专业素质构成、培训体系设置以及产教融合拓展等方面开展了大量的工作，取得了多项宝贵共识。作为该委员会的一员，笔者参与并见证了国内电商人才培养的改革和创新，深知要在互联网发展日新月异的情境下保持相应知识内容体系的适应性，这既是一项振奋人心的任务，更是一个非常艰巨的挑战。电商创新创业人才的培养，必须一如既往地秉承前沿理念，紧跟行业领域的技术及市场趋势，形成更具时代感的电商创新创业知识体系，为电商行业的发展注入新的活力。

多年来，笔者所在的阿里巴巴商学院一直致力于满足新经济时代不断变化和升级的需求，在电商和数字经济领域创新型人才的教育、培训和教材方面做了大量卓有成效的工作，为行业和社会各界输送了成千上万名高素质电商人才。这次学院组织召集了三十余位活跃于电商一线的资深创业者和优秀商家，高等院校一线教师，以及教育部高等学校电子商务类专业教学指导委员会专家，对"新电商精英系列教程"进行了新一轮的升级，既考虑到数字经济时代的新变化和新需求，又兼顾电商新竞争格局中涌现出的新主体和新规则。我们相信，这套教材将成为电商人才培养探索的重要里程碑，能够积极促进电商行业的发展，同时也将为广大创业者和从业者提供有价值的参考。

章剑林

阿里巴巴商学院执行院长

教育部高等学校电子商务类专业教学指导委员会副主任

2023 年 4 月于杭州

再版前言

"电商精英系列教程"自 2011 年问世以来，伴随电子商务大潮在国内的兴起，已经热销 100 多万册，两次荣获电子工业出版社最佳品牌奖，成为全国范围内颇具影响力的电商系列教程，是几代电商人和院校学员学习的"绿色记忆"。

2016 年，电子工业出版社推出丛书升级版"新电商精英系列教程"。2019 年，第 2 次升级版"新电商精英系列教程"问世！2023 年，第 3 次升级版"新电商精英系列教程"（即本套丛书）问世！

丛书为电商创业者、从业者和大中专院校的电商相关专业学生提供了一系列体系化、具有实践性和可操作性的电商知识。这些知识不仅让电商行业人才技能及素质得到了极大提升，更让我们一起见证了电商行业最激动人心的时代！

实践总是超前于理论的发展，系统的学习必须要对来自实践的知识进行梳理与总结。阿里巴巴商学院发起了此轮（第 3 次升级版）修订工作，旨在"培养一批能够适应新技术和新模式快速涌现的电商实操型人才"。我们密切关注新经济趋势，深度调研电商行业人才能力的构成，并严格把关教材内容和作者筛选。历时近六个月，我们完成了这套新版"新电商精英系列教程"。本次修订体现了以下几个新特点。

第一，新版教材更符合电商前沿知识体系需求。

在多方专家讨论的基础上，新版教材新增了跨境电商独立站运营、跨境电商物流、跨境电商营销三个专题，进一步契合全球化电商运营的现实场景，为电商从业人员提供更系统化的基础知识。通过增加的这三个专题，读者可以更深入地了解电商的最新发展趋势和运营方法，有助于更好地应对市场变化和提高竞争力。

第二，电商"产教"整合实现优质内容发布。

编委会邀请三十余位活跃于电商一线的资深创业者和优秀商家，高等院校一线教师，以及教育部高等学校电子商务类专业教学指导委员会专家共同参与编写，既保证了内容具有指导性和可操作性，也保证了内容的逻辑性和条理性。通过"产教"整合，丛书能够更好地满足电商行业从业者的实际需要，提高读者的学习效果。

第三，全方位优化设计提高电商相关专业学生的学习体验。

编写团队在创作初期便充分考虑如何将新版教材更广泛地应用到高等院校中电商相关专业的全日制大学生群体及自学人员。在内容上，本书结合高校学生培养特点做了相关设计，如在各章都安排有练习题和答案。这些优化的设计可以帮助读者更深入地理解和掌握电商的知识，让学习过程更加轻松、简单和有效。

《电商直播》是本轮升级版教材的重要组成部分，全书共分 10 章。其中第 1 章由庞欣然编写，主要讲解电商直播中需要了解的背景与启蒙知识；第 2 章由庞欣然编写，主要讲解直播间场景的布置与搭建；第 3 章由庞欣然编写，主要讲解直播间工作人员的技能培养；第 4 章由庞欣然编写，主要讲解直播间的产品管理方法；第 5 章由马婷婷编写，主要讲解直播营销策划的相关知识；第 6 章由庞欣然编写，主要讲解直播运营过程中的阶段性目标和落地办法；第 7 章由李健编写，主要讲解电商直播中的达人带货相关内容；第 8 章由马鸣阳编写，主要讲解电商直播中关于数据推广的重要内容；第 9 章由马鸣阳编写，主要讲解直播间数据的优化和提升办法；第 10 章由庞欣然编写，主要讲解关于直播未来的发展趋势与展望。此外，范志刚、刘闯等人也为本书做出了贡献。

本书凝聚了诸多优秀商家的智慧与心血，编写工作得到了"政、产、学"各界领导、专家、学者的关心和支持，部分素材、数据来源于行业内权威的研究机构及相关网站信息，在此一并表示感谢。

由于电商行业的发展日新月异，加上编写组人员水平有限，书中难免有不当之处，敬请广大读者批评、指正。

"新电商精英系列教程"编写委员会

目 录

第 1 章 电商直播初启蒙 1
1.1 当电商遇到直播 2
1.2 当直播成为电商不可或缺的一部分 4
1.2.1 在直播中把用户当朋友 4
1.2.2 让直播成为干货输出的课堂 6
1.2.3 电商直播，拼的是粉丝忠诚度 7
1.3 主流直播渠道简析 8
本章习题 8

第 2 章 为直播搭建一个好场景 11
2.1 从零开始做直播 12
2.1.1 直播间的场景搭建 12
2.1.2 直播间的基础配置 13
2.2 直播间的硬件设备与装饰技巧 14
2.2.1 摄像头 14
2.2.2 直播背景与软装 16
2.2.3 直播间的灯配置与打光技巧 19
2.2.4 直播间的灯摆位 20

2.2.5 直播间的其他常见设备 21
本章习题 22

第3章 直播间工作人员培养 24

3.1 打造C位主播 25
3.1.1 选对主播，事半功倍 25
3.1.2 主播形象 27

3.2 场控——直播间的气氛专员 28
3.2.1 场控的基础工作 28
3.2.2 场控的技能培养 30

3.3 运营——直播间的实时把控者 30
3.3.1 运营的基础工作 31
3.3.2 运营的核心竞争力培养 33

3.4 操盘手——直播间的大管家 35

本章习题 37

第4章 直播间高效产品管理 39

4.1 直播间产品运营误区与解决方案 40
4.1.1 排品过多 40
4.1.2 排品混乱 43
4.1.3 产品无迭代 44

4.2 排品——在直播间操控一盘"好棋" 47
4.2.1 直播间排品原则 47
4.2.2 直播产品的定位与担当 47
4.2.3 排品基本逻辑——"37原则" 48
4.2.4 三个重点阶段的精细化排品方法 50

4.3 播品——联动营销，引爆高效转化率 54
4.3.1 连麦新玩法激发新活力 54
4.3.2 直播间爆款联动短视频玩法 54
4.3.3 爆款联动达人直播玩法 55

本章习题 57

第5章 直播的营销策划 59

5.1 了解直播营销 60
5.1.1 直播营销的概念 60
5.1.2 直播营销的发展与优势 62

5.2 电商主流——淘宝直播 63
5.2.1 淘宝直播平台简介 63
5.2.2 高效开启淘宝直播 66
5.2.3 必须了解的直播权重 73
5.2.4 私域运营与公域引流 75
5.2.5 店铺直播案例解析 79

5.3 风起云涌——抖音直播 82
5.3.1 抖音直播平台简介 82
5.3.2 轻松上手抖音直播 85
5.3.3 更多场观的权重解析 89
5.3.4 抖音直播流量私域运营 91
5.3.5 品牌直播案例解析 99

本章习题 101

第6章 店铺直播运营的阶段性目标全览 103

6.1 以五大数据为核心的运营"拔节"计划 104
6.2 从点击率做起：封面图/标题的优化 105
6.2.1 封面图优化 105
6.2.2 标题优化 108
6.3 解决停留时长：用户时间争夺战 111
6.3.1 用利益点驱动 112
6.3.2 用优质内容吸引用户 114
6.4 解决转粉率：新老粉丝攻坚战 115
6.4.1 新粉专属权益 115

6.4.2　会员体系管理 116
　　　6.4.3　直播间付费推广 117
　6.5　高效成交：多方位提升转化率 118
　　　6.5.1　主播话术提升 119
　　　6.5.2　店铺资源倾斜 120
　　　6.5.3　营销玩法优化 121
　6.6　分享率：让裂变带来新生机 123
　本章习题 125

第7章　学会达人直播 127

　7.1　达人主播的主要类别 128
　　　7.1.1　按达人属性分类 128
　　　7.1.2　按粉丝量级和影响力分类 130
　　　7.1.3　按所在领域分类 131
　7.2　达人主播的合作甄选 131
　　　7.2.1　与达人主播合作的模式 131
　　　7.2.2　甄选达人主播的原则 133
　　　7.2.3　与达人主播合作的目标 134
　　　7.2.4　甄选达人主播的指标 135
　7.3　评估达人主播的合作价值 137
　7.4　与达人主播的建联沟通 140
　本章习题 145

第8章　直播间流量推广方法 147

　8.1　解读直播间流量结构 148
　　　8.1.1　直播间流量来源分类 148
　　　8.1.2　直播间流量获取的原理 150
　8.2　直播间流量推广 154
　　　8.2.1　直播间付费推广的必要性 154
　　　8.2.2　直播间付费推广的应用场景 155

8.3 直播平台推广工具介绍 156
    8.3.1 抖音直播推广工具 156
    8.3.2 淘宝直播推广工具 160
本章习题 176

第 9 章 直播间数据优化策略 178

9.1 直播复盘的意义 179
9.2 直播间数据复盘的步骤 180
    9.2.1 电商罗盘包含哪些直播复盘数据 180
    9.2.2 "五维四率"直播诊断法 182
9.3 淘宝直播数据复盘的"四表评定法" 185
    9.3.1 直播运营数据表 185
    9.3.2 竞店对比数据表 187
    9.3.3 时段运营数据表 188
    9.3.4 商品运营数据表 189
9.4 如何完成业务的复盘与总结 190
    9.4.1 日报 190
    9.4.2 周报 190
    9.4.3 月报 192
本章习题 192

第 10 章 店铺直播的未来趋势观 195

10.1 5G 网络给直播行业带来的发展机遇 196
10.2 全民带货进行时 198
10.3 满足个性化定制的柔性供应链 200
10.4 虚拟主播的横空出世 200
本章习题 202

附录 A 每章习题参考答案 203

第 1 章

电商直播初启蒙

1.1 当电商遇到直播

电商直播是什么时候开始走进大众视野的呢？这要追溯到 2016 年。

在 2016 年，各类型的直播 APP 如雨后春笋般纷纷浮现出来，一直播、映客、花椒等 APP 成为主流的直播渠道，但那时的直播内容以秀场直播为主，主播为用户带来了百花齐放的内容，如唱歌、舞蹈、游戏等，彼时大部分主播还不具备较强的带货能力，用户也只能被称为因为喜欢主播而打赏付费的"用户"，而不是直播中具有购买力的"用户"。

当时很多直播的投资人与直播机构都开始试想未来直播模式的转型，很多人认为，"打赏"形式一定不是未来直播的主流形式，直播只有与营销强关联，才能带来更稳定的市场增长。

淘宝直播于 2016 年 3 月上线，首波尝鲜试水的主播就是由淘宝一手打造出来的"淘女郎"群体，她们从淘宝模特转型为直播带货的主播。

直播的商业气息逐渐增强不仅仅是淘宝平台的特性。2016 年 5 月，当时的"第一网红" Papi 酱在一直播平台开启了自己的首场直播，丽人丽妆以 2200 万元拍下 Papi 酱天价贴片广告，选择展示的商品为旗下的美即面膜。这条消息在当时的电商圈引起了不小的轰动，直播开始具备了广告效应，Papi 酱也成为直播带货的先锋军，只是当时的带货形式以广告展示为主，更倾向于由高曝光量而带来的品牌效应，而非如今的"主流选品-直播-上架销售"的带货模式。

网红在淘宝平台中的成长速度非常快，网红们也开始打造有独特个人风格的网店，成为具备强带货力和粉丝黏性的个人 IP，"网红经济"开始成为社会性的话题，也逐渐成为了产品与用户之间高效衔接的新角色。每一次产品上新，网红们就会在直播间里带着模特一起介绍新品、公布上新时间、提醒用户将产品加入购物车等，大部分新品现货在上线的第一小时，就会被粉丝一抢而空，网红效应可见一斑。

直播带货模式与淘宝平台一起经历了高速的成长期，直播体系逐渐成熟。网红公司与淘宝平台渐渐发现，主播除了可以销售自己店铺的产品，也可以销售其他店铺的产品，只要给一个合理的佣金，主播就可以在自己的直播中为别的品牌代言和站台。

为了尝试让主播与品牌店铺联动带货，淘宝联合了网红公司和品牌方，建立了一个合作的矩阵,邀请主播们走进品牌方的公司、工厂、溯源地,以带用户参观走访为直播内容,在直播过程中对走访进行介绍、带货和引导用户下单。

笔者有幸在 2017 年的 1 月,参加了一次这样的联动直播带货活动,这是笔者第一次与淘宝直播亲密接触。在直播中,笔者作为企业方主播配合网红主播介绍产品,与用户互动交流。当时店铺直播还惯用横屏直播,直播后台也不如现在完善,但是第一场店铺直播就实现了 3000 多人次的观看,转化率在 2% 左右,从当时的直播情况来看,效果还是不错的。

2018 年抖音和快手两个短视频内容平台相应崛起,带来了营销的新模式,即"短视频+直播带货"模式。二者的内容导向也各有千秋,抖音平台以分享美好的精致视频内容为主,成为美妆和穿搭类产品的重要内容投放阵地,建立了以 KOL(Key Opinion Leader,关键意见领袖)为核心的短视频内容变现矩阵。而快手则以更加真实、接地气的"平民意见领袖"为主,更关注下沉市场中的用户需求。

电商直播在 2018 年发展迅速,拼多多和唯品会等平台都将直播看作重要的带货渠道,大力开发直播流量,电商直播百家争鸣的阵势开始逐渐形成,如图 1-1 所示。

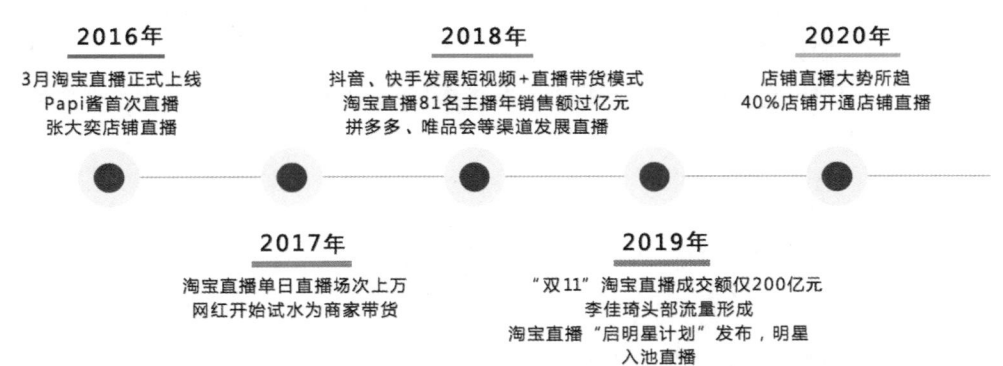

图 1-1 电商直播百家争鸣的发展

在电商直播高速发展的那几年,我们发现直播中能够具有快速变现能力的还是以网红主播和达人主播为主。这些网红主播和达人主播拥有大量的粉丝基数,在与品牌方议价上具有话语权,他们选择销售的产品主要以服装和美妆为主:一是这两个品类的利润足够支撑主播的佣金需求;二是服装和美妆的受众以年轻女性消费群体为主,而年轻女性消费群体也是各大平台的主流用户,所以服装和美妆类目依旧是当下直播成效最好的两大类目。

在 2018 年，各类型网红直播和达人直播的火热证明直播带货俨然成为时代大趋势。这一年，有 81 位主播全年带货量突破亿元大关，这对于当时的淘宝直播来说，主播和平台共同交出了一份精彩的成绩单。

在任何行业都有一个特点："百花齐放"着实缤纷，但脱颖而出的才是俊杰。

这个特点在直播渠道中更为明显，因为直播具有一定的"排他性"，即一个人的一部手机在同一时间仅能收看一个主播的直播，用户没有办法用一个手机同时观看两个主播的直播。于是选择权交到了用户手里，在非 A 即 B 的选择里，比的是谁的直播内容可看性更强，谁的产品性价比更高，用户会横向对比同款产品，从而选择价格最实惠的主播。

在这个阶段里，主播背后的团队得到了极大的锻炼，选品-议价-策划-直播，这是一个前端、中端与后端一起联动的"直播抢滩登陆战"，团队要与品牌方沟通，争取让主播成为产品销售最低价的唯一人选，主播与用户之间的黏性也决定着用户在哪位主播的直播间蹲守，用户的感性选择和理性选择同样重要。

时至今日，直播已经成为各大有营销属性的平台中不可或缺的一部分了，用户也越来越习惯在直播间购买产品，这对电商直播行业来说是一个极其利好的消息。这意味着，直播行业的需求不断提升，不仅有对人才的需求，还有对供应链端各种产品的需求，同时背后隐藏着对中国消费商业市场的不断推动，在笔者看来，这可能是近 10 年来，品牌和人才最好的发展机会。

1.2　当直播成为电商不可或缺的一部分

1.2.1　在直播中把用户当朋友

曾经品牌和用户之间的关系是相对疏离的，甚至是"冷漠"的。用户对品牌的接触大部分来自线上或线下的广告，以及文字、图片的表达，但是随着直播行业的不断深入，直播让品牌更具有"人性化"和"亲和力"。

1. 互动刺激消费

在直播间用户可以和主播互动是直播受欢迎的最重要的原因之一。

不同用户对产品的关注点往往不同，比如针对同一件衣服，有人更关心颜色，有人更关心厚度，有人更关心是否起球，有人更关心有没有优惠活动。常规的图文介绍如果将所有用户的关注点都体现出来，不仅会增加营销人员的工作量，也会导致产品详情页过长。但是在直播间中主播可以通过与用户互动，快速精准地回答用户的问题，以更快的方式解决各种疑问。

2. 大幅提升用户停留时间

在电商销售中有一个比较重要的数据，就是用户停留时间。若用户停留时间长，则说明产品和产品视觉效果非常优秀。在图文展现形式中，若能让用户有 30 秒的平均停留时间，就已经是极为优秀的图文展现形式了，而根据淘宝平台官方给出的数据显示，表现最差的直播间也有至少 30 秒的用户平均停留时间。用户的购物时间是有限的，用户在直播间停留时间越长，说明其对产品越感兴趣，越容易下单购买。

3. 直播间的用户冲动型消费

逛淘宝、看直播的用户，不仅有购买需求强的，也有购买需求弱或者无购买需求而纯粹想逛一逛的。常规图文形式的产品展示很难刺激到无购买需求的用户，但是直播就像大商场里做促销活动的主持人，能吸引用户驻足停留，通过产品的优惠力度和对产品的优势介绍吸引用户并刺激其消费。

4. KOL 效应

优秀的主播并不只纯粹介绍产品，不少用户都是主播的粉丝，相信主播的人品，喜爱主播的性格、才貌，所以主播对于部分用户来说也并不是陌生的推销员，因而能形成 KOL 效应。

所以，直播间里再也没有了过去广告里那种冷冰冰的讲解，所有的品牌和主播都开始学着用户更能听懂的语言进行沟通。

直播间的情感连接也很多，用户购买产品不仅因为产品本身好和价格优惠，也因为主播诚恳的分享、真实的表达。这些都在告诉我们，要把用户当成朋友，真正以心换心地沟通，才能让销售的成效更加明显。

1.2.2 让直播成为干货输出的课堂

电商直播的目标是提高转化率和销售额,每一个直播账号都希望自己的粉丝拥有更高的转化能力,粉丝数量和粉丝质量决定主播的价值。

有些直播账号通过主播对产品的展示和讲解,就可以完成日常的销售,但是还有一部分产品,需要通过主播对该产品有更高价值的输出,才能让用户愿意对其下单。

如图 1-2 所示,这是一个主要以销售儿童读物为主的账号。在这个账号中,除了产品展示之外,还需要主播必须说清楚该产品背后的价值,比如读物适合哪类孩子,有不同需求(如国学经典、逻辑思维、语言表达等需求)的家长选择不同的套餐礼包,直播间里的主播要更像是老师,更加了解儿童的学习需求,以及早教的相关内容等,直播间也有诸多宝妈或者宝爸分享孩子目前学习的需求,在交流沟通时,直播间就像一个专业的儿童教育的直播间,干货满满。

图 1-2 某教育品牌直播间

类似的以干货内容为主的直播间大多出现在靠知识变现的类目和电子科技产品类目中，基础的展示并不能满足用户的需求，直播间话术的表达要更加专业，更加能够通过干货内容吸引用户驻足。可见不同的产品，对直播间的要求也有所区别，因此主播和运营需要在直播过程中不断提升自己，同时不断加强对产品和用户的了解。

1.2.3 电商直播，拼的是粉丝忠诚度

在电商直播平台上，主播之间存在竞争关系。如何吸引陌生人成为粉丝、如何留住老粉丝、如何将"路人粉"转变成自己的"忠实粉"等成为主播之间竞争的关键。

电商直播不仅仅是内容营销的一种形式，还是"网红经济"下的残酷战场。个人能力较弱、形象较差、缺乏才艺的主播很可能会被淘汰。人外有人，一个主播即使有很多优点，也可能会被更优秀的人替代。

主播拥有更多的粉丝，自然就拥有更高的人气，较多的粉丝会为其销售的产品带来巨大的流量。一些拥有几百万个粉丝的电商主播，单场直播的销售额往往能达到几百万元、几千万元，在"双 11"等一些大促活动期间，甚至可以达到上亿元。

因此拥有大量的粉丝，意味着可以创造巨大的商业价值。

但是，粉丝的"质量"也是关键，并非主播的粉丝数量越多，主播的产出就越多，粉丝的"人群画像"、经济能力、知识水平、个人喜好等特征都影响着直播变现的转化率和 UV（独立访客）价值。一个靠着销售低质量、低价格、低利润产品快速积累粉丝的主播，一旦换成销售中高端的产品，其用户产出就会大幅度降低；一个始终坚持销售优质产品的主播，虽然起步缓、粉丝增长慢，但是由于其粉丝的主体为中高端用户，再加上销售的产品质量优秀，用户对主播非常信任，忠实度很高，所以直播的转化率较高，并且单个用户的产出会更高，也就是 UV 价值会更高。因而，后者的销售额可能会高于粉丝多的前者的销售额，加之后者的粉丝忠实度高，主播的"价值"也会持续增长。

1.3 主流直播渠道简析

（1）抖音

抖音自 2016 年上线以来发展迅速，其用户不断增长，目前已成为国内直播和短视频的主流 APP 之一，对电商直播行业的发展有着举足轻重的作用。

因为抖音的算法不断更迭，与算法有关的玩法也不断更新，所以在抖音中我们可以看到符合时代发展和用户需求的最新玩法。抖音作为主流的直播平台吸引了很多品牌和用户的关注。目前，各大品牌已入驻抖音，并在抖音中进行持续的直播。部分品牌的抖音直播销量已经可以与天猫的店铺销量相当，这对于整个电商行业的发展都是向好的影响。

（2）淘宝/天猫

作为最早开始尝试直播营销的平台，淘宝/天猫早已参破直播的核心要素——展示品牌和产品的卖点，在淘宝/天猫平台上可以看到更加符合各品牌需求的高端的直播间，产品的展示和表达也更加趋于日常化。主播更像一个在线可视的客服，如果想要锻炼品牌的基础直播能力，稳定每日淘宝/天猫的销售额，并且减少客服的压力，那么淘宝/天猫的直播可以说是品牌营销不可或缺的一部分。

（3）快手

由于快手以娱乐化的直播为主，所以其电商发展之路略逊色于抖音直播。但快手依然保持向好的势头，在快手中可以看到更多的本土化的直播风格，所销售的产品也更加符合广大下沉用户的需求，同时更加贴近普通用户的生活。快手的缺点是品牌沉淀较少，算法迭代也不够快速。

本章习题

1. 单选题

（1）以下哪项不是电商直播的优势（　　）

A．有互动性，可以刺激消费。

B．有 KOL 效应可以增强信任。

C．真实度更高，更容易买到自己刚需的产品。

D．能够大幅提升用户停留时间，提升转化率。

（2）以下不属于主流电商直播 APP 的是（　　）

A．抖音　　　　　　　　　　　　B．快手

C．淘宝　　　　　　　　　　　　D．拼多多

（3）用户的哪些特征会直接影响着直播变现的转化率和 UV 价值？（　　）

A．粉丝的"人群画像"

B．粉丝的经济能力和知识水平

C．粉丝的个人喜好

D．粉丝的日常生活小习惯

2．多选题

（1）以下对直播行业描述正确的是（　　）

A．如何将"路人粉"转变成自己的"忠实粉"，是电商主播之间竞争的关键。

B．对电商主播而言，不必太在意用户的评价。

C．直播行业是一夜之间兴起的，是具有偶然性的。

D．直播行业具有一定"排他性"。

（2）以下对直播用户描述错误的是（　　）

A．直播用户会对优质主播产生更多信任感。

B．直播用户更喜欢多样化的直播形式。

C．对于一些干货直播间，即便是精准的直播用户也会觉得无趣。

D．直播用户对直播间销售的产品的关注点都是一致的。

3．填空题

（1）以干货内容为主导的直播间多出现在（　　）类目和（　　）类目。

（2）在直播行业中，主播拥有大量的粉丝意味着可以创造巨大的（　　）。

（3）用户在一个直播间停留时间越（　　　），说明用户对产品越感兴趣，越容易下单购买。

4. 问答题

（1）简述电商直播发展的历程。

（2）简述直播用户对电商主播的重要性。

第 2 章

为直播搭建一个好场景

2.1 从零开始做直播

从网红直播的火热发展到店铺直播的逐渐起势,已经有越来越多的品牌把直播当成店铺的标配渠道。从属性上来看,直播是内容渠道中最重要的板块;从功能上来看,直播是隶属于店铺却又需要用不同的方式运营的销售渠道。直播如同一个线上的"实体店铺",主播如同"商场导购",销售模式类似于一个长尾的"电视购物"模式。

本章讲解直播间如何从零开始做直播。

2.1.1 直播间的场景搭建

1. 室内直播场地基本要求

室内直播通常适合一些对光线需求强、对细节展示要求高的产品,比如服装、美食、美妆等,对室内直播场地的要求主要有以下几点:

- 有较好的隔音效果,避免外界嘈杂声音干扰。
- 有较好的吸音效果,避免回音。
- 有较好的光线效果,提升直播间产品和人物的美观度,减小色差,提升直播呈现的视觉效果。
- 若直播一些需要展现大体积的产品,如跑步机等,则要注意直播场地的深度和宽度。深度不够可能会使摄像头距离拍摄主体过近,产品展示不完全、构图不美观;宽度不够可能会造成直播视频中两边杂物较多、画面拥挤等不美观的直播效果。
- 直播场地如果没有较明亮的顶灯,且需要补打顶光,则还要注意直播场地的高度,需要有足够的高度给顶灯预留空间,避免顶灯入镜。
- 为了避免画面过于凌乱,直播不会让所有直播的产品都入镜,因此需要有足够的空间存放直播所需的产品样品。
- 一些品类的产品直播间中还需要经纪人或者跟播人员配合主播工作,因此要注意给他们预留工作空间。

2. 室外直播场地基本要求

室外直播适合一些体型或规模较大的产品，以及存在货源需要现场采购等需求的产品，比如码头现场挑选海鲜、多人共同直播等，对室外直播场地的要求主要有以下几点：

- 良好的天气环境，若在傍晚或者夜晚时间段直播，则需要灯补光。
- 室外场地不宜过大，在直播过程中主播不仅要根据自身的时间来安排讲解产品，还要回应用户对某一产品的讲解要求，因此过大的场地会浪费大量的行走时间。
- 对画面美观度要求比较高的直播，室外的环境也要相对美观，背景不能过于杂乱，避免出现杂乱的人流、车流、建筑等。

2.1.2 直播间的基础配置

当我们在看直播的时候，从镜头里看见的空间只是直播间的一部分，一般只能看到主播活动的范围，所以很多人并不知道，镜头之外的空间往往承载了更多的功能。一个功能健全的直播间有哪些重要的区域，又承载怎样的功能呢？直播间场地基础需求如表 2-1 所示。

表 2-1 直播间场地基础需求

区　　域	功　　能	面积大小
直播区	能容纳主播及主播所需的道具、直播间背景，也是部分产品展示的位置	5 平方米左右 视产品展示需求来调整大小
后台区域	幕后工作人员所处位置，可放置后台操作的电脑、手机和直播中需要使用的道具	5 平方米左右 与主播距离近，方便协助工作
产品摆放区	摆放主播需要展示的样品货架，若产品多、类目多，则需要安排较大的货架并按需求整齐摆放好，让幕后工作人员能够在最快时间找到产品	10 平方米左右，视产品大小和数量的需求来调整大小
其他	主播试衣间和其他道具、搭配品的场地，如女装直播间安排摆放的鞋柜的箱包、首饰等区域	5 平方米左右 视产品展示需求来调整大小

可以说，一个正常运营的直播间，虽然镜头里展现出来的区域空间不大，但实际上功能非常齐全。笔者曾经在某头部主播的直播间看到一整个房间被摆得满满当当，俨然一个小小的仓库，而且打光灯、摄像头、电脑桌等设备也都需要占据一定空间。

所以在筹备直播间时，要有准备地去预留一些空间，以备后期慢慢提升的直播需求。

如图 2-1 所示，这是某商家给自己的直播间做的区域分配图，在图中能够看到，直播区只占据了房间很小的一部分，后台区域和产品摆放区则占据了更大的面积。

图 2-1　某商家直播间区域分配图

2.2　直播间的硬件设备与装饰技巧

2.2.1　摄像头

直播间的摄像头有两种，一种是手机摄像头，另一种是电脑摄像头。若通过手机进行直播，则需要高配置的手机、落地手机支架或桌面手机支架，如图 2-2 所示。

若用手机直播，则建议准备两台型号较新、性能较好的手机进行拍摄，为了让画面更加清晰，建议尽量使用后置摄像头拍摄，多出的一部手机则用来看直播间观众的评论内容，同时需要准备一个较稳定的三脚架，高度则可以根据主播的身高来进行调节，只要摄像头在正对人面部时与水平线持平即可，比如，笔者身高 160cm，三脚架高度最多到 160 cm 即可。

第 2 章 为直播搭建一个好场景 | 15

图 2-2　手机摄像头位置展示

如果通过电脑进行直播，则建议配备较高性能的电脑，以满足直播推流。

淘宝直播平台官方推荐的直播电脑摄像头型号为罗技 C1000e（如图 2-3 所示），一般来说拥有 4K 像素级别的摄像头足够满足直播需求了。在调试摄像头的时候，建议采用较高像素的原画模式，在不添加任何美颜滤镜时候，可以清楚看到人的面部，不会产生画面的模糊和卡顿即可。但如果直播的类目是美妆或者珠宝，则需要摄像头有更高清的像素，笔者建议选择较高配置的单反相机作为摄像头，这样才能体现产品的真实色泽和质感。

图 2-3　罗技摄像头

除此之外，如果想要更加清晰的画面，那么在预算充足的情况下，可以使用更加专业的摄像机，以使拍摄的画面更清晰、色彩还原度更高、细节更丰富，但成本也会更高，如图 2-4 所示。

图 2-4　专业摄像机

直播对网速、网络稳定性要求都比较高，建议采用至少 100Mbps 网络以保证网速，如果能使用网线连接，就不要使用无线连接，无线连接容易产生卡顿的情况。

电脑主机自带的声卡一般集成在主板上，如果想要更好的音频效果，就需要单独配外接的声卡。如果主播距离摄像头位置较远，则建议购买一个蓝牙麦克风来进行收音，室外直播则更加需要无线麦克风装置。

2.2.2 直播背景与软装

当对直播间完成了初步的规划后，运营人员就可以考虑直播间的装修事宜了，普通的直播间的装修相对来说比较简单，一般只需要包含一面或者两面墙壁背景以及为了氛围而打造出的软装即可。

目前，市场用户使用最多的是 9:16 比例的竖屏手机观看直播，所以主播无论是选择站在画面的正中间撑满整个屏幕，还是以坐播的形式露出自己上身的区域，这窄窄的屏幕都刚好只能容纳一个完整的人出现在直播的画面中。这就要求所有的主播，既要把产品放进这小小的屏幕，又要让自己在直播间里姿态好看、自然。

所以，我们在选择直播背景和软装的时候，切记要简洁明了，不要让背景与人抢戏。

很多店铺的负责人在装修直播间的时候有一个小小的误区，认为装修直播间就像装修自己家里的电视墙一样，要有好的打光和墙纸，或者有吸引人的背景色，这样才能够让进到直播间的用户眼前一亮。而实际上,在对优秀直播品牌的直播间调研中,我们发现结果刚好与之相反。

从视觉体验感上来说,直播间的背景越简单大方,越能够突出主角。

谁是主角?主播吗?不,每个卖家都应该知悉,在直播间有且只有一个主角,那就是主播手里的产品,主播也只是为产品站台的一个角色而已。

我们发现很多直播间在背景中堆砌了太多的颜色,有各式繁复的装饰品,或者直接以自己的产品货架为背景,比如卖鞋类的商家,在背景中摆放十几双爆款鞋子,这看起来是希望在直播的过程中让用户完成更多"种草",但是用户的眼睛究竟是应该看向主播手中介绍的产品,还是应该看向琳琅满目的背景墙?

其实在直播背景的设置上非常简单,只需要一面简洁的背景墙,在墙壁上镶嵌好店铺的名字或品牌 Logo 即可,而不需要有太多装饰品,如图 2-5 所示,如果觉得画面单调,则可以摆放一些绿植或者壁画等来提升直播间调性。

图 2-5 简洁的直播背景墙

也有很多商家无须站着直播,他们会选择坐在桌前直播,如图 2-6 所示,主播坐下的位置上方镶嵌店铺的名字或品牌 Logo,面前的桌子上摆放产品进行展示。

图 2-6　坐姿直播示意图

有人说，既然不能让背景抢产品的视觉重心，那么我直接用一整面白墙当作背景吧，白墙非常干净，应该能够凸显产品本身。

注意：不建议使用大面积的白色当直播的背景，原因如下。

- 直播间光线本来就很强烈，在直播间的光线照射下，白色的背景往往给人以清冷的感觉，使得直播间与用户有距离感。
- 如果直播间背景以白色为底色，前景中的任何颜色就都会显得格外突出。在摄像头前，只要主播穿着的颜色略显鲜艳，在其移动状态下，摄像机就都会有一瞬间的重新对焦，容易造成画面的模糊。

在考虑直播间背景颜色时，相对保险的颜色的色系是：**灰色系、米色系、咖色系**，以及温和且没有视觉冲击力的莫兰迪色系，这些色系中的颜色不论是在白天还是在夜晚，在直播间灯光的照射下，都会与环境相对融合。

如果品牌视觉体系成熟，则可以使用品牌视觉体系中低饱和度的色系作为背景，这会让直播间的视觉风格与品牌整体风格保持统一。

很多聪明的商家，在一开始设计直播间时就想到背景的更迭。如在大促阶段或遇到重要年节时，可以独立设计几个备用的背景为直播间带来耳目一新的感觉。

比如可以单独做一面红色的背景布，在年货节前夕，把红色当成直播间的主流颜色。这样操作既简单又方便，同时可为直播间带来生动的节日氛围，也给进直播间的用户带来直观的促销感觉。

2.2.3 直播间的灯配置与打光技巧

美妆等品类的近景拍摄，首先需要有较明亮的环境灯，当室内原有的灯光较弱时可额外补光，其次需要一盏美颜灯，常见的是环形美颜灯如图 2-7 所示。

图 2-7 环形美颜灯

一些较远距离的拍摄需要比较亮的室内顶灯，可以搭配 LED 灯带或者专业的摄影顶灯。另外根据实际灯光效果可以选择专业的常亮摄影柔光灯进行补光，主要目的是使直播间光线明亮、柔和，如图 2-8 所示。

图 2-8 常亮摄影柔光灯

在进行外景拍摄时，若室外光照效果较差，则需要搭配户外手持补光灯进行补光（如图 2-9 所示），或者用其他的专业户外补光设备。

图 2-9　户外手持补光灯

2.2.4　直播间的灯摆位

直播间常用的灯基本可以分为五大类：主灯、辅灯、顶灯、背景灯、产品灯。这些灯分别的作用和特点如下。

主灯：为主播提供正面足量的光，一般从主播的正前方照射，保证主播出镜的部分和所持的产品光线充足，细节清晰无阴影。

辅灯：为人物提供左右两侧更全方位的光，让人物在直播间里能无阴影和暗角展现，一般一个主灯配两个辅灯，主灯的左右侧各一个辅灯。

顶灯：顶灯一般有一个较高的灯箱，从上往下如柔光灯一般均匀柔和地将灯光洒落在直播间里，灯光能同时照顾到背景和地面。顶灯的光可以确保人物形象饱满，尤其是在直播间场地较大的情况下，可以保证直播间大部分是明亮清晰的。

背景灯：给背景的墙面或者 Logo 打光，即便背景墙颜色较深或者距离摄像头较远，也可以保证前景中的主播和产品的光照效果。不少品牌在背景墙灯的设置中直接在墙面上安装了好看的射灯，这样既能成为直播间的视觉点缀，也能让背景墙变得醒目，两全其美。

产品灯：直播间销售的产品多种多样，有的大、有的小，有的需要被关注整体，有的需要被关注局部。所以如果你的产品特点在于细节上的展现，就让主播将产品凑到镜头前给其特写，建议在摄像头旁增加一个环形灯或者柔光灯，让产品离镜头过近时也不会失去灯光的照耀。

在测试灯光时，可以让主播手拿产品出现在镜头中，以检查镜头里光线明暗不均的地方，从而调整灯的位置或灯光的强弱程度。如图 2-10 所示，可参考图中灯的分布来对自己的直播间进行调整。

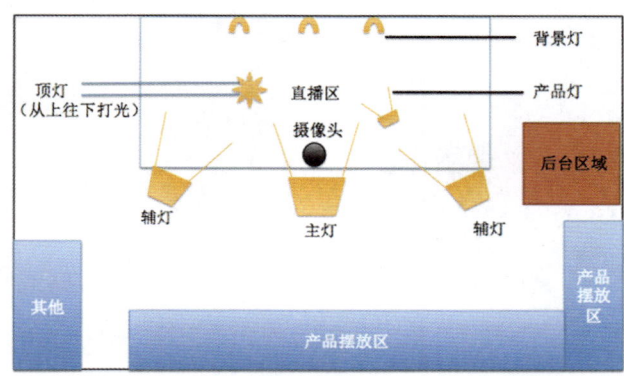

图 2-10　直播间灯分布示意图

2.2.5　直播间的其他常见设备

直播间的其他视觉设备如下。

- 带灯的落地全身美容试衣镜，如图 2-11 所示。

图 2-11　带灯的落地全身美容试衣镜

- 网红窗帘、网红风格背景纸或背景墙等。
- K 板、白板、荧光板等展现文字、图片信息的道具。服装类直播间样间如图 2-12 所示，美妆类直播间样间如图 2-13 所示。

2-12　服装类直播间样间　　　　　　图 2-13　美妆类直播间样间

本章习题

1. 单选题

（1）哪一项不是直播场景的搭建需要关注的重点？（　　）

A．直播间的采光　　　　　　　　B．直播间的收音

C．直播间的面积　　　　　　　　D．直播间的装修完整度

（2）直播间常用的主灯有什么作用？

A．为主播提供正面足量的光，保证主播出镜的部分和所持的产品光线充足，细节清晰无阴影。

B．给背景的墙面或者 Logo 打光，即便背景墙颜色较深或者距离摄像头较远，也可以保证前景中的主播和产品的光照效果。

C．为人物提供左右两侧更全方位的光，让人物在直播间里能无阴影和暗角展现。

D．更加清晰地展示主播手里拿着的产品的全貌。

（3）以下哪些是室内直播场地的基本要求？（　　）

A．直播区　　　　B．产品摆放区　　　　C．主播休息区　　　　D．后台区

2．多选题

(1) 以下哪些灯具是直播时常用的？（　　）

A．化妆灯　　　　　　　　　　　　B．环形灯

C．常亮摄影柔光灯　　　　　　　　D．户外手持补光灯

(2) 以下对人群标签描述正确的是（　　）

A．有较好的隔音效果，避免外界嘈杂声音干扰。

B．有较好的光线效果，提升直播间产品和人物的美观度，减小色差，提升直播呈现的视觉效果。

C．直播场地如果没有较明亮的顶灯，需要补打顶光，则还要注意直播场地的高度，需要有足够的高度给顶灯预留空间，避免顶灯入镜。

D．直播间如果太过空旷也没有关系，在直播中不会产生较大的回音。

3．判断题

(1) 在装修直播间时，建议使用大面积的白色当直播的背景。（　　）

(2) 直播间的背景装饰应该设置得五颜六色，更有热闹的感觉。（　　）

(3) 如果主播在室外直播，则需要一个无线麦克风装置，收音更清晰。（　　）

4．问答题

(1) 如果你现在需要装修一个新的服装直播间，请简述你的设计思路。

(2) 请简述直播间常用的灯的摆位和它们的重点作用。

第 3 章
直播间工作人员培养

3.1 打造 C 位主播

3.1.1 选对主播，事半功倍

每个品牌和店铺运营人员都会在店铺运营过程中充分考虑三大关键要点，分别是"人""货""场"，这三个关键要点缺一不可，紧密相连。

在店铺的运营中，必须掌握的一个与"人"有关的数据是用户画像：

我的用户是谁？

用户的年龄是怎样的？

用户来自哪些城市？

……

而这些数据与直播间选择什么样的主播息息相关。在选择主播时有两个原则：要么选择与用户相似的主播，要么选择与用户相吸引的主播。

1. 主播与用户相似会给用户带来亲切感、共鸣和互动性

案例：笔者曾经给一家童装做策划。刚开始童装店铺用老方法，去学校招聘一些女大学生过来做兼职主播讲解童装，他们认为只要对产品的介绍足够清晰，就会达到满意的效果。而事实证明，年轻女生在介绍产品时往往抓不到重点，因为没有抚养孩子的经验，导致她们并不知道孩子在穿衣服的时候在乎什么。

在直播过程中，当用户说出儿童的身高、体重，问及应该购买什么样的尺码时，女大学生不了解，只能给一个模糊的回答，导致用户体验感不佳，影响了转化率。

随后笔者帮这家童装店铺调整了策略，招聘了一些全职妈妈做主播，且全职妈妈的孩子年龄刚好符合童装的用户群的年龄。

在试运营的一周，全职妈妈主播的转化率是女大学生的 1.5～2 倍。

观察直播效果，我们发现全职妈妈主播谈及自己给孩子的穿搭颇有经验，她们更推荐用户选择耐脏、耐磨、面料好、款式基础的服装，且偏向购买大一号以便可再续穿一年。

同时在直播间鼓励全职妈妈主播聊一些自己育儿的经验，辅导孩子写作业的经验等，

类似话题能够迅速引起用户的共鸣，创造更多的互动。

一个月过去，其中一位全职妈妈主播已经有了自己的粉丝，她的粉丝会在她上直播的时间段来打卡，并聊两句家常。身份和境遇越相似就有越多可以聊的话题，这样的互动也能够提升直播的效果和转化率。

2. 主播与用户相吸引会带来差异化，以及让用户迅速转粉

案例：有一家汽车用品店准备开直播，联系到笔者，希望笔者能给到他们一些好的方案。

以下是他们最初的想法：在自己线下汽车维修门店里安排直播的区域，请店里的维修技师开一个干货讲堂，专门教用户怎么更换雨刷、怎么更换玻璃水等，从专业角度提升用户的信任感。

这是一个好的方案，用内容去驱动销售没有错。

我们分析了这家店铺的用户构成——78%都是男性，站在用户的角度去思考，男性用户或许需要更好的互动，以及更多让他们表达的机会，作为主播也需要听从用户的需求，为用户量身设计解决方案。

我们随即调整方案，建议在直播间里安装一个互联网电视，循环播放各品牌汽车的宣传片。

接着我们在直播间里安排了一个温和大方的女性主播，该主播站在屏幕前讲解各品牌汽车的品牌故事、驾驶性能、保养技巧等，让直播更像一个聊天节目，而不是纯粹的销售直播，主播不时向用户发问："你们觉得宝马的操控系统怎么样""这款车子的外观你们喜欢吗"。

类似的问题极大地调动了男性用户的互动心理，也给予用户更多表达的机会。主播听从用户的想法，同时在讲解车辆保养技巧的过程中穿插介绍店铺的产品，引导用户下单。

当自己竞争店铺的直播间采用类似的方式直播时，拥有差异化的内容和充分考虑用户观看心理的直播更能切中用户喜好。

面向用户，我们的确应该寻找更专业的主播，但这种专业性并不只体现在拥有丰富的产品知识上，还要懂得用户想要什么。

用户看直播也是一种寻找意见领袖的方式，若用户发现某直播间里的主播比自己更有

经验、想法，用户就会更加信任该主播，从而选择观看该主播的直播。

3.1.2 主播形象

有人说，所有主播最真实的样子都会在聚光灯和摄像头的前面被完全暴露，主播身上的一些优点会消失不见，而身上的缺点却会被用户无限放大。就拿目前行业最严格的女装主播的要求来说吧，从面试开始，就对主播的身高、体重、样貌有诸多的要求。

笔者策划的一个女装品牌在招聘主播时有如下要求。

（1）长相具有亲和力。

有时候我们形容人会说：这个人看上去很和善，那个人看上去不好相处。

我们在招聘主播的时候，也许不需要对方美若天仙，但是其给人的第一眼的感觉要有亲和力。

具有亲和力长相的主播能够在与用户的沟通中减少很多成本，让直播更具有吸引力。

当然现在也有一些店铺，为了让直播具有差异化而让主播走冷酷路线。这也是一种思路，不过更适合特殊场景中的主播，比如美妆场景里的擅长欧美妆的主播。

（2）眼睛炯炯有神且坚定。

主播在直播间里是品牌的形象代言人，是 KOL，也是一个产品的深度体验者，其最重要的特质是自信。笔者在面试主播的过程中通常会让主播从自己携带的物件中挑选一件作为介绍的产品，主播需要迅速进入状态，并认真介绍这件产品。

当一个人自信时，其说话就底气很足、声音洪亮、态度坚定，在介绍产品的时候，能把产品的亮点说清楚，且能站在用户的角度描述使用产品的感觉，在看着摄像头的时候表情放松，眼睛有神且灵动。

千万不要以为，镜头对面的人隔着屏幕就不会被眼神的感染力所影响，实际上主播与摄像头的每一次眼神接触，都是与用户的接触，用户会被主播坚定的眼神所吸引，并相信主播所说的话。

（3）语言流畅，沟通顺畅。

在直播间我们没有办法看到屏幕对面的用户长什么样、表情有怎样的变化，语言是我们唯一能触达用户的方式。所以如果问哪一个要素是主播必备的技能，那一定是较强的语言表达能力。

对主播语言表达能力的测试，从面试就开始了。

以下是我们在面试主播时可以采用的一些试题。

（1）请在全身上下找到任意一件产品，并对其展开三分钟不间断的直播销售。

这道考题是为了考验主播能不能在自己常用的产品中迅速找到销售亮点，对于已经使用过该产品的人来说，一个产品的优势与劣势，其实有很多的细节可以表达，如果三分钟都说不清楚，那么如何让这个产品打动镜头对面的用户？

之所以要求展开三分钟不间断的直播销售是因为直播间必须保持时刻在线的"购买氛围"，一旦主播有 10~15 秒的时间没有说话，或者在表达的过程中出现了大量语句不流畅和停顿的情况，用户就会失去耐心并跑到另外一个直播间。直播间的暖场需要几十分钟，而直播间冷却下来只需要 10~15 秒。

（2）请模仿李佳琦，进行任意一款产品的展示。

除了与生俱来的优秀表达能力，模仿能力也是我们考核主播直播技能特别重要的一点，我们会尝试让面试主播去刻意模仿其喜欢的主播，并对产品进行展示，以确定面试者对直播的了解程度。

模仿喜欢的主播，不仅仅要掌握所喜欢主播的标志性话术（如李佳琦的"买它买它买它"），还要掌握该主播在话术表达过程中的思维逻辑、演示产品的状态和针对用户不同提问的回答技巧，这些都是考核主播沟通能力的核心要素。

在面试中我们发现有些主播的语言特点也能够带来不一样的直播感觉，运营者可以在工作中仔细观察主播最具特点的表达方式，并且以此作为延伸，让主播发挥自己最大的特色。

比如我们之前招聘的一个主播是一位四川女生，该主播在直播时会偶尔蹦出来一两句四川话，显得非常俏皮可爱，我们鼓励她在直播中讲一讲四川话，带动直播间的气氛。

3.2 场控——直播间的气氛专员

3.2.1 场控的基础工作

1. 直播间场控的作用

场控，顾名思义控制全场。场在这里指的就是直播间，所以直播间场控的主要作用就是活跃直播间气氛，协同主播完成销售转化。

可以说，场控在直播间中的重要程度和对直播业绩的影响程度一点都不亚于主播。

大部分的用户只看到了镜头前的主播，镜头后的场控只出声音不出现人，似乎在直播间很没有存在感，实则不然。一个好的场控可以让"死气沉沉"的直播间"起死回生"，让播到打哈欠的主播精神集中，这就是好场控的魔力。

2. 场控的主要工作职责

（1）协助主播把控直播间氛围。

大部分的主播在直播时要集中注意力在自己讲解的产品上，往往说着说着就忘记了控制时间，同时因为主播一直在引导粉丝互动，所以对销售额和转化率几乎不知情（因为看不到后台的数据），这个时候场控的作用就凸显出来了，场控必须清晰地知道直播间各项数据当下的表现如何。

比如，当发现某个产品的点击率非常高，但是转化率不高的时候，场控需要适时提醒主播进行促单，让用户能够信任主播的话并坚定决策，赶紧完成付款购买的行为；当发现直播间的用户进店率下降的时候，场控需要从旁"吆喝"，让更多的用户不要只驻足在直播间外，邀请用户点击某个商品看福利或者进直播间领取优惠券等；当直播间突然进入大量粉丝的时候，场控要迅速用新人福利、大促超划算等话术，让人停留在直播间，这俗称"接住流量"。这些都需要场控有较高的数据敏感度和较强的反应能力，在一些高成交率的直播间里，场控话术有时候比主播话术还要严谨。

（2）调节主播情绪，稳定直播状态。

直播间有粉丝多的时候，也有粉丝少的时候，一旦直播流量表现不佳，进直播间的人数较少，主播就会降低往日的兴奋度，与用户的互动积极性也会有所降低。这个时候，场控就必须站出来，可以主动制造话题引导主播讨论，也可以用自己公司里其他的账号进店与主播互动（且不能让主播知道），这种方式也不失为一种好办法。只要主播互动积极性得以提升，对直播的转化和流量就都有向好的影响。此外，在直播间出现"黑粉"情况也很常见，这个时候场控需要当个中间人，不论是从中诙谐幽默地打圆场还是暗示主播视而不见，都是控制主播情绪的好办法。

（3）处理其他的直播间事宜。

在直播间，场控的专业度还体现在对短视频或者产品的敏感度上，比如某一段时间直播间进人数量激增，场控需要迅速反应是什么样的因素造成了这样的结果，如果是因为某个产品突然热卖，则需要提醒主播不断重复介绍该产品。

3.2.2 场控的技能培养

（1）要比主播更了解产品。

场控需要了解自己的产品，不仅要熟悉所推广产品的性能、参数等，更需要提前体验、实际操作，看看是否与页面宣传的一样。当主播临时不在场时，场控可以代替主播讲解产品或者对产品进行补充。另外要保证产品发货地、发货周期和库存数正确，避免不能正常发货的情况。

（2）要比主播更加轻松活泼。

在主播不断促单卖货的时候，场控要适时让氛围不那么严肃，偶尔活跃气氛让全场节奏有张、有弛。直播间有时比较沉闷，场控可以刻意带动粉丝谈论一些话题，比如产品价格便宜、质量好，或者其他用户使用产品的感受等话题，带动直播间氛围，设置点赞频率，营造直播间热度。

（3）要更加灵活、会沟通。

这里的沟通指的不仅是和主播沟通，还有与用户粉丝的沟通。不论在直播间遇到什么样的评论，场控都要灵活处理。比如遇到客户投诉，可以迅速记录对方的订单号，立刻反馈给客服处理，以免恶评在直播间里发酵而影响销售，同时也要在工作中听取主播的意见，让直播间如一场完美的演出一样，有起有伏，有节奏，句句有回响。

3.3 运营——直播间的实时把控者

相对于其他岗位，运营的工作内容很难被标准化。每个公司的运营负责的工作内容都有所不同，而且运营的工作也越来越细分，比如短视频运营、直播运营、活动运营、产品运营、用户运营、内容运营等，所以很多人干了几年的运营，都讲不清楚自己到底是哪一类的运营。

这里我们不聚焦于具有非常垂直技能的运营岗位，毕竟在从事运营的初期，并不需要运营拥有聚焦在某一个细分领域的技能，能够侧重展现运营岗位的基础能力即可，以便更快、更好地适应运营岗位。

3.3.1 运营的基础工作

（1）直播间产品管理工作。

凡是销售工作，都绕不开产品。只要选出来的产品好，整个直播间的人就都会轻松很多，能够事半功倍地完成销售目标；若选出来的产品不好，那么在直播的过程中，不仅主播觉得事倍功半，整个团队也会因为产品销售力不足而觉得非常疲惫。想象一下，如果主播此时播了 1 个小时，1 个订单都没有售出，那么直播间的所有人都会觉得疲惫乏力，所以选品能力是运营的核心竞争力。

那么选品能力如何培养呢？

进行数据调研。比如，直播间哪个产品在过往的销售中拥有"自来水"（即产品在没有任何讲解的情况下就有人咨询或者静默下单）的能力？有没有类似的产品最近在平台中突然获得了很高的关注度？有没有一些产品在直播间点击率很高？

这些调研结果都是运营选品的关键依据。

选品能力是需要时间去培养的，当识别爆款的能力不断提高，渐渐成熟的运营就会发现即便不再依靠调研的内容，也可以从海量产品中选出爆款，这也是运营非常重要的核心竞争力。

除此之外，假如一个品牌直播间，对产品的选择比较少，比如一些只致力于做爆款的直播间只销售 2~3 个产品，这个时候应该如何选品呢？

记住一句话：以变化，应不变。

不变的是产品和比较稳定的货盘，变化的是产品价格、产品组合，以及主播的话术。

比如一个直播间只销售面包，产品总共只有 5 种不同口味的面包。这个直播间就不存在上文所说的在海量产品中选品，侧重点在于不同产品之间的组合，比如所有味道的面包组合 5 包装，或者是经典口味的面包组合 3 包装，再或者是家庭装的 10 包装，不同组合的价格、话术和优惠方案必定也是不同的。

优秀的运营必须要学会灵活地根据当下用户最强烈的需求去构建合适的产品组合，再融入场景中，进行销售的转化。

下面从两个场景进行举例。

日常场景，产品：某品牌面包家庭装。

话术：我知道，我直播间里有很多都是年轻人，都是朝九晚五的普通上班族。咱们上班族有个很不好的习惯，就是不爱吃早饭，如果你也和我一样早上慌慌张张去上班，经常忘记吃早饭，又担心买包子、油条在办公室里吃会有味道，你就去买这个面包家庭装，里边有 10 包，5 种味道，吃一个星期不重样，无水牛奶加鸡蛋，蓬松好口感，再配一杯牛奶，早上的营养问题就解决了，将它们放在办公室，小小的一箱不占地方，购买请点击下方 1 号链接。

年节场景，产品：某品牌面包家庭装。

话术：马上咱们就要过年了，过年不仅可以和亲朋好友欢聚一堂，还能有一个长假期好好休息一下，早上如果你睡懒觉、晚起了，没人给你准备早餐，你就吃一袋咱们这个小面包。假期在家下午茶时间肚子饿了，也不能吃太多东西影响晚上年夜饭的大餐，这一袋 100 克的小面包刚好顶饿，特别适合过年的时候当应急干粮吃，就在下方 1 号链接。

从以上案例我们可以看出，即便是同样一款产品，因为使用时间和场景不同，产生的话术和促单方法也不同，所以运营务必有这样的敏感度，让主播在不同的时间点更换不同的话术，才能紧跟场景的变化，让自己的销售数据保持相对稳定的状态。

（2）数据分析与复盘。

我们都知道，做运营离不开数据，一切用数据来说话。直播好不好，看数据就能知道。运营通过数据的变化找到直播间的问题，就显得尤为重要。

成熟的运营应该可以流利地回答以下问题：

1）直播间流量从哪来？

2）付费、免费的流量占比分别是多少？

3）用户在直播间停留多久？如果用户停留时间比较短，则怎样提升用户停留时间？

4）转化率为什么这么低？

5）选品有没有问题？

6）直播间活动有没有问题？

7）成交的密度够不够？

8）针对这一系列的问题，运营如何制定出优化的方案？

9）下一场直播该如何改进？

这些问题都需要运营去实时把控，运营这个角色对直播间的细枝末节都了解得非常透彻，假如直播间发生了特殊情况，比如主播或者某个场控有事无法上班，也需要运营及时顶上。听起来运营工作有一些辛苦和压力，但是，当运营是做直播操盘手的必经之路，不经历风雨，怎能见到彩虹。

3.3.2 运营的核心竞争力培养

（1）数据的敏感度培养。

每个数据的异常变动都必然存在原因，想要成为一个优秀的运营，就要从数据中分析数据异常原因和数据变化的规律，以便在下次遇到类似的问题时能够及时提升团队的抗风险能力。

这里存在一个问题：在直播平台中，所有的数据变化都是有规律的吗？未必。

比如开播时的启动流量，也就是平台助推的首波流量，它是未知的，对部分平台来说，开播时的流量有高、有低，的确存在一定的巧合。所以运营需要判断，该数据的变化是正常的流量波动，无须过多分析，还是该流量波动有据可循。

比如，A 连衣裙是某个服装直播间的热门款，每次上架，其点击率和转化率都居高不下，单小时可销售 10 条。今天正常开播，在流量稳定、主播直播状态稳定的情况下，该产品居然转化不出去了，主播持续播了 1 个小时，只卖出去了 1 条。这时候就需要问到运营，接下来应该怎么做，以及如何分析和解决这个问题。

解决问题路径如下。

1）排查中差评。销售数据骤降的原因，最容易联想到的就是中差评。对于部分产品来说，一条中差评就可以毁了一整个链接，特别是当中差评问题出在产品的质量上的时候。中差评不仅影响产品的销售，也会对直播间的流量产生影响，尤其是在新直播间流量不稳定的时候。

2）竞品降价了。往往一个产品突然变成热门，便能吸引整个行业的目光，大批的仿款就会瓜分热门产品的流量。各销售平台用图片搜同款产品的功能都很强，可以轻松地通过关键词和图片找到同款产品。若其他店铺同款产品的价格低于自己店铺的价格，则热门产品的流量就会在大数据的加持下被瓜分，导致自己的流量锐减。

3）季节原因。这个原因在服装直播间运营中尤为明显，服装的迭代随着季节而变更，当季产品流量也会因为当季的服装已经进入销售的尾声而减少，服装运营在换季时要有敏锐度，随时掌握服装销售节奏的变化。

4）红利耗尽。除去以上所有可能的原因，如果账号的红利已经消耗殆尽，那么该产品的销售红利也已消耗殆尽。假如该款连衣裙在有限的流量池中，所有的用户都已经被引导过一遍了，而突破下一个流量池的能力又有限，则这款产品也理应下架。用行业术语来解释就是：这个账号的粉丝已经全部被"洗"过一遍了，能卖的已经卖出去了。这个时候该产品的转化率就会迅速下降。

当然了，一个产品的流量下跌或许还有其他的原因，只要有了数据分析的结果，不管是重新调整营销策略，还是换款，下一步的行动就都有了指导方向。作为运营，要透过现象看本质，数据固然重要，但是对数据的分析和整改落地的行动更为重要。

（2）灵活机动的行业认知。

不建议刚走入运营岗位的职场人频繁跳槽和更换直播间。在笔者看来，没有经历过从零到一，陪着一个新直播间成长的，或者在同一个类目的直播间做运营少于两年的，其运营的技能都不能算成熟。

从零到一的过程是最辛苦的，也是最锻炼人的，经历过一次的人才会懂得如何从头开始经营一个独立项目。在这个阶段里能学到的东西非常多，一个直播间起步的复杂程度就如同创建一个新的公司一样，虽然直播间空间很小，但是事务很多，需要运营胆大心细。

多年来，笔者大概面试了上百位运营，有的人能力堪比操盘手，有的人能力却连直播助理都不如。最困难的时候，才最能磨炼自己，运营应该提高自己对直播的认知理解，让自己的技能尽快成熟。

那为什么必须得是在同一个类目的直播间做运营呢？其实各行业的直播技巧和营销方法都是有差异的，同一个类目则更能加深运营对行业的理解。不论是百花齐放的服装行业，还是热门的美妆行业，都需要运营深度沉浸进去，才能体会行业的变革。只有把一个行业的经营方法彻底做熟了，才有资格说自己是一个合格的运营。如果入行不到一年却经历了多次跨行业的跳槽，就如同永远在复读小学一年级，认知永远得不到深度的提升。

3.4 操盘手——直播间的大管家

一个直播间的成熟操盘手，就像是一个直播间的"总裁+人力资源+财务总监"，他未必需要事无巨细地了解直播间，却是直播间运营最重要的掌舵人。直播间播什么、怎么播、如何盈利等思路都必须在操盘手的脑海里。那些上升到策略层面的内容，都必须由操盘手来制定。

（1）直播间人员招募与培养。

如果问一个直播间操盘手全年最担心什么问题，那么大概十中有九都会回答：担心人员突然跳槽。现在的市场现状是，直播行业对从业者的诱惑太大，但很难留住人，作为操盘手要有招聘和培养人的能力，至少要知道一个合格的直播从业者要具备哪些能力，每个员工的优点与缺点是什么，主播适合打什么样的人设，以及如何对员工进行有针对性的培训，并提升他们的能力。

时刻做好人才储备，万一出现员工离职问题，不能让直播间断播，随时要有可替代的人员。制定合理的激励机制，有奖、有罚，既不能厚此薄彼，也不能让直播间亏本，直播销售稳中有升才能看到希望。

（2）直播间成本与盈利。

有些直播间会突然爆发，也有部分直播间会突然倒闭关号。突然倒闭的直播间很大一部分原因是错误估计了流量的转化能力，也缺乏长期经营的策略，错将短期计划用作长期计划，导致项目亏损，直播间无法持续经营下去。

作为操盘手，要计算出直播间每一处细节的成本，其中尤为重要的是人力成本，主播的基本工资与提成是一个直播间大部分的成本开销，作为操盘手一定要根据当地的市场现状，以及主播和团队的能力进行合理的匹配。

比如：有人设优势的直播间主播的薪资应该高于其他员工，这样才能够让主播有长期的发展。在有些专门为某一人打造的直播间里，主播的薪资可以比肩公司高层，甚至享有公司股权，只要这个主播是可以不断带货的，公司也就可以不断创造更高的利润。

而在一些品牌直播间里，核心是较好的品牌影响力，那么员工的重要程度就会减弱，只需要做好人员招募和培养，任何人离职都不会影响直播间进程即可。

在入职公司成为直播间的员工后，我们应该如何获得更高的薪酬，让自己的职业道路更加稳定呢？关键一点就是切勿好高骛远，切勿过分高估自己的能力。在每天都不断变化的直播行业做出了一些成绩的确与个人能力有关系，但更与行业风口、爆款转化力或者品牌本身的用户购买力强相关，如果行业、产品、品牌等因素都不存在，那么个人的能力也会降低。

虽然直播是一个新兴热门的行业，但是大量的案例告诉广大职场人，直播行业是一个高薪的行业。但是在再好的行业中，我们都只是个体，在直播中，更讲究配合与协作，也就是团队精神，可以说在直播行业里，没有完美的个体，只有优秀的团队。放平心态、稳扎稳打，踏踏实实去做事情才是直播行业里的"正道"。

（3）直播间经营策略。

随着算法技术的不断升级，直播的玩法也在不断迭代，作为直播行业的操盘手也更加需要紧跟时代步伐、拥抱变化，在持续优化中寻找更好的经营模式。

在直播发展的这些年，直播的玩法转变了很多次，转变的主要原因是受平台风向影响。从近一年的时间来看，直播的主流玩法分成以下3种。

- 平播玩法

平播玩法即在日常的直播中，保持相对稳定的直播节奏和状态，产品销售的模式以"介绍产品→开价→促单"为主，主播的运营状态较为平静，核心是突出产品的优势卖点，为用户带来物超所值的感受，从而进行产品转化销售。这一玩法多出现在品牌直播间中，品牌直播间的直播时间长，产品知名度较高，带来的销售利润也比较稳定。

- 憋单玩法

通过快节奏的产品讲解，高密度的内容输出，遵循用户消费心理的原则，让用户对产品迅速产生强烈的期待值和购买需求，再通过卖点展示、价格比对、少量多次上库存等多种方法，让用户即刻下单。这种营销模式比较类似于过去的电视购物，因时间有限、内容较多，所以节奏快，期望在短时间内达到销售的峰值。这类直播形式常用于短时间直播，比如只开播4小时，那么一天的销售额都必须要在4小时之内完成，这种直播形式比平播形式的效率更高。

- 内容玩法

这种玩法是由一个现象级的账号"美少女嗨购go"创造出来的，即在直播间里，不介绍产品也不进行促单。那主播做什么呢？主播只负责在直播间"蹦迪"，随着热门的音乐摇晃，让用户有一种"云蹦迪"的感觉，产品讲解很少，只是提示用户点开链接。产品也多为普适性高的，比如视频网站会员和零食。

这种玩法在短时间内能提高人气，利用用户好奇的心理截停用户，将用户留在直播间，以购买代替打赏，完成销售，但是这种直播间极容易带来审美疲劳，也没有品牌壁垒，比较容易被淘汰。

当然，还有更多有效又有趣的直播玩法正在不停迭代，如果想成为优秀的直播操盘手，则需要每天都保持一定的时间浏览各直播品牌，多多关注各类新崛起的直播间，融会贯通地学习。

本章习题

1. 单选题

（1）以下对选择主播描述错误的是（　　）
A．要么选择与用户相似的，要么选择与用户相吸引的。
B．不同产品的直播间对主播有不同的要求。
C．只要长相尚可，会说普通话，就可以当主播。
D．主播需要有亲和力，胆大心细，在直播间愿意主动沟通。

（2）以下对运营工作描述错误的是（　　）
A．运营要负责选择好的产品，组合成有转化能力的好货盘。
B．运营要根据当下的产品销售数据情况，对直播的产品进行调整。
C．运营只需要将产品上架即可，其他工作归主播负责。
D．运营要对各项数据都有较深的理解和较高的掌控能力。

2. 多选题

（1）直播间场控的主要工作职责有哪些？（　　）
A．协助主播把控直播间氛围。
B．主播下播后帮助主播整理样品。

C．调节主播情绪，稳定直播状态。

D．处理其他的直播间事宜。

（2）一个成熟直播间的操盘手，日常关注的工作事项有以下哪些？（　　）

A．直播间是否有人员即将离职，顶替人员何时能补充到岗。

B．每个月核算直播间成本利润、复盘数据。

C．与团队讨论直播的策略和方法，寻找优化提升的办法。

D．经常浏览并了解其他竞品直播间的玩法和策略。

3．判断题

（1）主播在直播间遇到了"黑粉"攻击，这个时候场控需要留够时间，让主播自己解决问题即可。（　　）

（2）直播间的运营需要有数据敏感能力，若发现直播间流量突然降低了，则要依次排查相关问题。（　　）

4．问答题

（1）如果你是一个直播运营，则会如何提升自己的数据分析能力？

第 4 章

直播间高效产品管理

4.1 直播间产品运营误区与解决方案

直播分为两类，一类是有自己自营产品的商家的直播，我们称之为店铺直播；另一类直播的主播本身是一位达人，没有自己的店铺和产品，我们称之为达人直播。对比店铺直播和达人直播，二者最大的差异在于对产品的管理。达人拥有海量选品的能力，而店铺直播存在上新速度慢、新品引爆难度大等问题。虽然店铺直播存在问题，但并不一定代表其处于绝对劣势，只要结合产品本身的特性进行销售，找对了方法就会让产品的"表现力"更好，所以在直播间实现精细化运营、为产品赋能就显得格外重要。

对直播间的产品管理犹如棋手下一盘棋，每一个产品就是一颗棋子，放置的位置和出现的时间点都很重要。即便产品没有成为"爆品"，该产品也在直播间担当了绿叶的作用，烘托出了"爆品"的美好，或者通过价格锚定的方式为爆品做了价格对比，更加能够带动转化。

围绕着"人、货、场"三个核心关键要素，着重解决产品精细化管理的问题，是每一个商家在进行直播运营时的重点和难点。所谓产品的精细化管理指的是：通过对直播间产品定位的分析，找到产品合适的定位与"担当"，通过对不同产品进行灵活组合和拆解，将产品管理融合进不同的玩法，配合不同波段的营销策略，最终实现 $1+1>N$ 的直播效果。

在调研商家产品管理能力的时候，我们发现产品管理上的缺失极容易被忽略，其中有不少大品牌的直播间也存在着产品运营的小失误。所以在直播的过程中，若产品管理不到位，则会在一定程度上影响直播转化效果。大部分产品管理的误区集中在以下几个方面。

4.1.1 排品过多

排品过多是拥有较多产品的店铺经常出现的问题之一，即把店铺里的所有产品都堆积在一个直播间里。每天直播的时间并不长（通常低于 8 小时），若在直播间产品列表里有一百多个产品，且该店铺的产品本身具备一定的相似性，就会使得用户无耐心持续观看。

相比于产品比价的困难，用户更担心产品选择困难。试想，当你走进一间线下女装店铺，店主将所有同类产品放在同一个货架上，如果你没有明确喜好和目标，就会产生"选择困难"。所以近些年一部分线下女装店铺，选择用颜色区分货架来规避雷同产品带来的选择障碍，或者直接搭配好全套服装进行展示，以提升用户的下单效率。

在直播间也是这样的，琳琅满目的相似性产品极有可能让用户在观看直播时产生"选择困难"。有些店铺存在侥幸心理，认为产品越多转化率越高，但调研结果显示恰恰相反：大部分用户在挑选产品过程中，极有可能因为无法择优购买而放弃选择。

所以直播间产品数量多少算太多？

我们用直播时间来倒逼产品数量，如果按照每个单品平均有 5 分钟的话术时间来计算，若直播时间＜直播间产品数量×单品 5 分钟话术时间，就算产品数量过多。

比如：一个直播间上传了 80 个产品，每天直播时间为 4 小时，即正常播完产品的时间为 400 分钟，但是直播时间只有 240 分钟。主播无法从头到尾将产品讲解完，若录制产品讲解就无法做到"雨露均沾"，而且还并未计算反复回答爆款单品在评论区被反复提问的时间，这在一定程度上会影响顺序播款的效率。一场直播结束后，有一部分产品犹如身在"冷宫"，从未被问询过，而且它们会给用户带来选择困扰，也对转化毫无帮助，我们将这一部分产品称之为"鸡肋单品"，因为将它们放进直播间产生不了转化，挪出去似乎又觉得可惜。此时我们应坚定一点：鸡肋单品不如舍弃，集中精力优化选品。

解决排品过多的方法有以下两个。

（1）控制雷同产品数量，降低用户选择难度，提升用户决策速度。

在控制产品数量之前，一定要调整好心态，当我们认可了直播间是孵化爆品的优质渠道后，有些产品就不能因为"侥幸心理"而存在于直播间，所谓有舍才有得。将产品数量控制在合理范围之内，会让用户轻松选品。

产品过多会给用户带来选择困难，产品太少又降低了用户的转化率，所以选品数量需要维持相对稳定范围，恰到好处。

产品数量如何计算？依旧采用直播时间倒逼产品数量的算法。可以先测算每一款产品的话术时间是多少，然后使用以下公式：

直播间产品数量=直播总时长（分钟）÷ 单款话术时间（分钟）+ 爆款产品数量

这个公式的原理是：录制产品讲解是商家在直播过程中必须执行的运营动作，也是获得公域流量的方法之一（每一款产品都必须录制），同时是主播和幕后工作人员日常重要工作之一，所以直播时长要能够满足主播讲解完所有单品。

单品讲解时间根据商家产品的不同而有长有短，基本在 5~10 分钟之内就能够完成一款产品讲解和答复用户询问，可以根据商家对主播的要求进行测算。

还需要把店铺爆款产品数量加上，因为一般在直播中，产品列表里的爆款产品会被多次询问，主播需要反复讲解和作答，存在一定的重复性话术时间。

根据这个公式，商家可以计算出大致的直播间产品数量。

以上公式可以满足大部分的品牌，即使直播时间长也并不一定代表可以增多选品，依旧要在通过公式计算出产品数量之后，对产品进行一定的减量，保证店铺的爆款被更多人关注，不被冷门产品吸引太多用户注意力，也可以通过分场次直播来调整产品数量，优化产品的讲解时间分配问题。（这一条原则适用于产品过多的直播商家，如果产品数量较少，直播的时间能够保证每个产品都被介绍到，就可以通过不同时段专享款秒杀或者产品排位调整来进行区别，满足用户新鲜感需求。）

（2）高相似度产品错开直播专享价，击中具有不同消费力的用户。

在选品和做产品定价时，一些商家会考虑到同质化产品的价格区间差异。比如两款相似的白T恤，根据成本不同分别定位为低单价款和高单价款，用户在选择产品时，因为个体消费力不同，所以更加容易找到心仪的单品。所以以价格为标尺，也能够使用户规避"撞款"带来的选择障碍，用价格主动驱动用户做出选择，提升转化率。

案例：

一家主营麦饭石锅具的厨具类店铺，主推的爆款产品一共有3款，产品类型较为相似，为了能够满足直播间用户的需求，让用户不产生选择障碍，店家在不调整店铺产品售价的情况下，在直播间，通过发送不同赠送力度的商品券，完成了对产品价位的区分。

A产品：成本较低，店铺定价为239元，直播专享价为169元，做低价引流，满足对性价比有要求的用户。

B产品：成本略高，店铺定价为239元，直播专享价为199元，产品外观好看，满足对产品"颜值"有要求的用户。

C产品：成本较高，店铺定价为279元，直播专享价为259元，做高客单价产品，满足高端用户的产品需求，同时给予用户优惠价，促进产品转化。

通过价格区分和产品人群定位，便能够在直播间里做好产品价格错层，满足不同层级的用户需求，以此来规避"状况"。通过主播的话术表达，让每一个产品的定位更加深入人心，赋能爆款单品，降低"人找货"的难度，让"货"找到适合它的主人。

4.1.2 排品混乱

在线下门店产品陈列中，很容易发现，没有经过深度思考排列的产品注定会被用户的视觉忽略。陈列员应该顺着"用户的眼光"思考怎么排列产品，而不是只靠自己的主观思考。

线下门店产品陈列的顺序和逻辑影响着产品的销售。我们日常闲逛的商超货架，没有一个产品是被随心所欲乱放的，每一个产品都被放在属于它的位置，用一个匹配得上的价格或者营销利益点助推，让产品在货架上焕发生机。

直播间也是一样的道理，表面上看用户只是点开了屏幕上的购物袋上下扫视产品，实际上其查看的过程就是"用户的眼光"。直播操盘手的产品排列不能"草率"地想将产品排哪里就排哪里，而需要随着用户的"眼光"逆向思考产品的排列顺序。

曾有一个商家说自己上货的逻辑是：想到哪个产品就上哪个产品，或者有人问到了就上货，没人问就不上。这样的一种排品方式会直接导致直播间产品排列混乱，就像你走进超市，发现酱油和膨化食品被放在了同一层货架上一样，违背了用户的购物需求，也不符合视觉审美。

在直播间，也有一个"小纸牌"的存在，那就是利益点文案（如图4-1所示），通过利益点文案的置入，可以让用户在产品下方红字处看到这款产品的专属信息文案（如图4-2所示）。

图4-1 利益点文案

图 4-2　利益点专属信息文案

综上所述，排品混乱的共性表现为：
（1）不符合用户观看习惯，爆款被放置于冷门位。
（2）上下位的产品没有关联消费关系，甚至同质化严重。
（3）只有产品标题，备注栏无信息（如图 4-3 所示）。

图 4-3　备注栏无信息

调研显示有 82%以上的品牌有以上几点排品混乱问题，可以通过以上所讲述的内容，排查自己直播间排品是否有"踩雷"。

4.1.3　产品无迭代

一家店铺什么产品最吸引用户？毫无疑问是新品，用户永远是"喜新厌旧"的。

假如用户点进一家关注店铺的直播间，发现产品让他们饶有兴趣，他们便会停下来看一看。当他们隔几天再进入直播间，如果看到的依旧是这些产品，则会好奇心减半。当他们第三次来到直播间，如果产品依旧不迭代，那么用户可能再也没有了点进直播间的好奇心，从此成为该直播间的"天涯陌路人"，内心仿佛有一句话：反正无论何时点击进来，都是这些产品，不看也罢。产品不迭代，成为了"复购率杀手"。

直播间的产品迭代建立在以下 3 个原则之上。

（1）随着营销波段迭代。

店铺直播基本只有两个直播状态：日常销售（简称为日销）状态和大促销售状态。

从四平八稳的日常销售，到大促期平台流量开始逐渐积累，每一个产品都能够激活销售潜力，并且需要跟随营销波段进行迭代，日常销售状态下的产品和大促期的产品不尽相同，才能触发新用户找爆款购买，老用户为新品下单。

在日常销售状态下，用户有更多的时间沉下心来慢慢逛、慢慢选，通过主播的讲解，产生消费的欲望，所以日常销售适合"有故事""卖点多"的高毛利单品，在日常销售中对这样的单品进行小幅度降价，打造直播专享价，用户会更加敏感，产品转化率会提升。

"618""双 11"等大型促销节日，为平台的每一个产品带来了销售的机会，用户等候着促销节零点的到来，反而没有过多的时间去看直播，所以在大促阶段应多推广优惠力度高的单品，催付比讲解更重要。

（2）随着产品定位迭代。

一家直播间的产品定位不是绝对的，爆款可能会成为冷门款，普通款也可能会成为爆款。这是时间的更迭或者一些意想不到的趋势带来的转变，它存在随机性，考验的是直播运营人员的敏锐洞察力。

比如：一家童装店铺有一些中国风特色的汉服外套，这些外套因为不是日常衣物且客单价较高，所以在店铺正常销售情况下不被用户关注，是店铺转化率较低的款式。但随着"国潮"的普及，越来越多的短视频内容创作者给自己的孩子穿上漂亮的汉服，进行摆拍录制。汉服成为很多宝妈们的"晒娃利器"，商家也感受到了"一夜成名"的流量风向，便在直播间提高了童装汉服的位置，让主播给予更多曝光，提供更好的利益点，成功在直播间打造出了汉服爆款。

这一案例表现出在文化趋势的影响下，曾经的冷门单品变成了极具人气的爆款单品，在直播间给予扶持能有显著成效。

除此之外，季节和节日趋势，IP 款和明星同款的趋势等都能够为产品迭代推波助澜，这告诉直播运营一个道理：多看新闻、多捕捉新信息，也许下一个直播间爆款就藏在冷门单品里。

(3) 随着销售表现迭代。

在直播产品迭代中，销售表现是终极"风向标"，在对产品销售数据的复盘中寻找线索进行迭代也是直播运营的必备技能。

可以通过使用一些数据软件，来抓取每天直播间产品的点击量和转化率。商家在做完选品和排品后，产品的转化率的高低才是衡量选品和排品是否正确的唯一准绳。有些产品占据了热门位置，却没有得到很好的转化，这被称为"流量来了接不住"；有些产品虽然位置不佳，但是销售转化效果却很喜人，面对这样的情况，商家需要快速做出调整，把好位置空出来，让"接得住流量"的产品"上位"。

产品迭代是直播间运营的常态化操作，不论是产品数量多还是产品数量少，都可以通过产品迭代去提高用户的新鲜感，如果店铺产品数量太少，那么应该如何迭代呢？

(1) 拉长产品迭代周期，但要有明显的迭代变化。

对于产品多的品牌，我们建议 2~3 天进行一次产品迭代，调整产品的位置，规划不一样的营销活动。对于产品较少的品牌，至少一周迭代一次，尽量在用户复购周期以内给用户以耳目一新的感觉。

(2) 以直播间专享价带动产品迭代。

在固定销售的产品不迭代的情况下，产品的排位及针对不同产品的直播间专享价也可以有所调整。比如：第一周 A 产品做专享价，第二周 B 产品做专享价或者分时段秒杀，即便是只有 10 个产品的直播间，也能够满足在一天 10 小时直播时间里每个小时的产品专享价不同，用户可以选择在自己心仪产品的秒杀时间段来购买，提升了用户的返场率。

(3) 通过连麦带动用户对产品新鲜感的需求。

在连麦玩法中，商家们可以相互连麦，使两个直播间同时出现在用户的面前，即便是直播间产品少，在本场连麦直播中也可以完成双倍的产品展现。连麦玩法适合用户画像较类似的商家之间相互导流、互相带动产品转化率，让用户可以在一场直播里看到更多的新产品。

4.2 排品——在直播间操控一盘"好棋"

4.2.1 直播间排品原则

直播间的产品排列并非是"想当然"的，而是遵循了用户思维的产品排列原则，再通过不同的公式算出来的。在不同的营销节点有不同的排品公式，但是万变不离其宗，商家要遵循以下几个排品的原则（如图4-4所示）：

（1）将好货放在好位置，让更有销售潜力的单品迅速获取用户的关注。

（2）有层级的梯度化管理，通过对产品的定位和不同阶段的销售目标调整，进行有成效的产品管理。

（3）利益点信息完善并有效触达，通过利益点文案，让用户对产品和优惠信息更加了解，提升产品转化率。

将好货放在好位置

有层级的梯度化管理

利益点信息完善并有效触达

图 4-4　直播间排品原则

4.2.2 直播产品的定位与担当

在前面章节中，我们提到直播间出现的每一个产品都需要对其进行产品定位和销售能力分析，找到该产品合适的定位与担当，就如同我们在节目中看到的女子团体演出一样，有主唱担当，有舞蹈担当等，这些担当就是基于每一个演出人员的特长进行定位的，让她们在团队中找到合适位置，从而都能够在演出中绽放光彩，不被观众忽略。

根据产品的销售潜力、作用功能、库存状况和品类定位，基本可以把产品的定位分成以下几类，如表 4-1 所示。

表 4-1 直播间产品的定位

产品分类	产品名称	产品定义
销售潜力	热销款	店铺销售单品主力，通常是店铺销售的热门爆款
	平销款	销售能力尚可，有提升转化率的潜力单品，可做热销款的平价替换款
	滞销款	销售能力不足，转化效果一般，比较"鸡肋"的冷门款
作用功能	引流款	高性价比，能够为店铺引流，用户点击率高的产品
	秒杀款	直播日销售阶段提升转化率的单品，以秒杀降价的利益点带动销售额
	利润款	能够做高店铺利润的款，虽然转化率一般，但是毛利较高
库存状况	深库存款	库存较多的款，如果销售受到影响，则会带来库存风险
	清仓款	库存较少，通常存在断货风险，可用来成为清仓款
品类定位	主营品类款	店铺重点主营类目的产品
	次要品类款	用来提升主营类目款的连带销售，非店铺主营类目但是产品与主营类目款关联性强，比如保暖内衣店铺销售的加厚棉袜

根据表 4-1，商家可以对店铺的大部分产品进行定位与担当梳理。需要注意的是，产品的定位并不是唯一性的，比如某个产品，既可以是店铺的热销款，也可以是秒杀款；店铺的滞销款，也可能是利润款。不同的营销阶段有不同的营销目标，可随时对产品进行定位和担当的转换。商家需要对产品有深度了解，灵活判断其在不同阶段的定位和担当。

4.2.3 排品基本逻辑——"37 原则"

在梳理直播间排品逻辑之前，先讲述一下直播间的产品曝光量的梯度分级。点开直播间"红色购物袋"，可以看到从上往下整齐的产品排列（如图 4-5 所示），其中排在最高的位置是店铺有且只有一个的热门位置，从序号上来看，是店铺的 1 号产品，之后的数字是从大到小的降序排列。商家在后台上传产品时需要注意，热门位置是 1 号而非最大序号，需要最先上传链接。

图 4-5　直播间的产品排列

按照这样的顺序，可以整理出店铺直播间产品排列的基本逻辑，梯度和曝光量层级如图 4-6 所示，最顶层热门位置曝光量最好，但只能有一个单品。

第二层级是 10%的核心区域，这个区域是用户翻阅产品的前几屏，也是仅次于热门爆款的好位置。

第三层级是 20%的高曝光区域，这一层级曝光量不及核心区域，但是用户的触达率依然较高。

第四层级是 50%的中曝光区域，这一位置的产品最多，曝光量与第三层级相差较大，如果产品本身的吸引力不够，或者用户观看耐心不足，该区域产品就容易被用户忽略。

第五层级是 20%的低曝光区域，在产品排列较多的情况下，这个层级的用户触达率最低，潜在的产品转化率也最低。

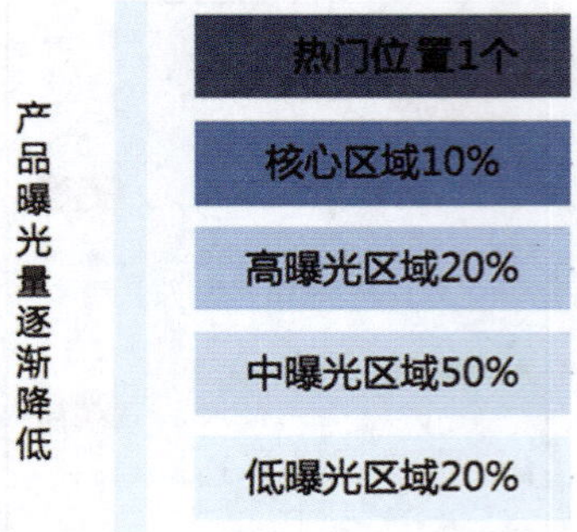

图 4-6　产品曝光量层级

一般来说，用户触达产品越快，产品曝光量越大，潜在转化的可能性就越大。通过这样的分梯度层级的规划，最大的曝光量往往集中于前列的 30%左右的产品，后列的 70%左右的产品皆属于曝光量的尾部，即"37 原则"。所以商家在排品过程中，需要一点"偏心"，前列的 30%产品也需要一些"特殊关照"，才能带来转化率和销售额的提升。

有一些爆款店铺，提出店铺销售的产品曝光量的梯度分级应该实行"28 原则"，即让 20%的产品带来 80%的销售额。当走入直播的营销场景里，会看到一些本身在店铺中不受关注的产品，但在直播间主播话术的引导下又比较吸引用户。若该产品与前列产品之间存在关联销售，那么可以结合直播间的满减、满赠的利益点做连带销售。

"37 原则"是商家在进行日常销售阶段中比较实用的排品方式，这一原则可以适用于大部分拥有足量产品的直播间，适合运营人员做精细化产品运营时使用。

4.2.4　三个重点阶段的精细化排品方法

为了服务于不同营销阶段的转化率和销售额，在精细化运营中还需要让产品的排品更加满足平台营销玩法的需求，在不同的营销阶段，让产品更换"定位"，调整产品在直播间的位置。

1. 日销小促阶段

品牌可以通过在直播间自建营销活动，来完成日销状态下的小高峰目标。比如某饰品商家，每周三晚上 7:00~10:00，全场饰品有八折优惠，满足大部分用户周三下单、周五到货，周末外出就可使用的"爱美之心"。通过针对老用户的短信触达和新用户的店铺主页信息触达，让用户对该店铺留下了深刻的印象，每周三的晚上就成为店铺销售额的小高峰时间，这样的小高峰我们称之为日销小促。

日销小促阶段的销售目标能够服务于日常流量的累积，提升该时段的新客引流，也能够服务于老客复购，用日销爆款和利益点推动销售额。

这一阶段的排品方法如表 4-2 所示。

表 4-2　日销小促阶段排品方法

活动节奏	货品组成	货品分类	搭配玩法
日销小促	50%热销 30%秒杀 20%平销	热销款	对引流和保基础销量的产品，可做详细讲解，主要用于留存直播间的新用户
		秒杀款	模仿达人直播高效快频的销售模式，用来培养用户观看习惯，从而达成冲销量的目的
		平销款	直播间每天都有"新款"，让老用户有新鲜感，同时也间接拉动店铺平销款的销售

2. 上新阶段

在店铺已有一定粉丝积累的情况下，在直播间打爆新品、沉淀买家秀和评价具有天然优势。

在上新季最重要的就是提升新品的曝光率，在这一阶段里可以先预留更多的区域给新品。然后通过新品对用户的吸引力，推动一波引流款或者利润款产品以带动销售，从而提升直播间的产品销量和利润。最后，新品上架也会带动有黏性的老用户前来光顾。

这一阶段的排品方法如表 4-3 所示。

表 4-3　上新阶段排品方法

活动节奏	货品组成	货品分类	搭配玩法
上新阶段	60%新品 30%引流/利润 10%秒杀	新品主推款	当场主推款式，需要详细讲解，高频露出，做搭配
		引流款/利润款	起引流和保销作用，话术中与新品或主推相结合，配合新品带动销售
		秒杀款	用于上新前一小时预热动作，拉回有意向购买的粉丝来直播间购买新品

3. 排位赛活动阶段

排位赛的玩法是直播间最热门的玩法之一，商家可以通过参与不同类目的不同项目的排位赛，来实现为大促预热和促销转化的目的。在排位赛期间可以从直播间点击进入榜单，榜单会实时显示冲榜前列的商家，用户点击某个商家即可跳转到其直播间，因此，如果商家可以进入榜单前列，就可以获得一定的公域流量，对拉新有帮助。

之前，在淘宝直播中只能看到总榜单，即全天冲榜前列的商家榜单，于是流量会迅速往榜单头部商家累积，腰部商家将会面对用户流失的局面，但是自 2020 年 "618" 开始，新推出的小时榜单让更多腰部的商家获得公域露出的机会，只要在某时段内冲进榜单前列，就可以获得公域流量（如图 4-7 所示）。

排位赛主要分两种，一种是以加购为目的的，另一种是以成交转化为目的的。参与以加购为目的的排位赛，商家可以通过发放大额优惠券等形式完成冲榜，如用户加购 10 件获得满 500 元减 100 元优惠券；以转化为目的的排位赛，要促进用户下单，所以需要给予直播间更多的福利专项，以引导用户在直播间中成单。这一阶段的排品方法如表 4-4 所示。

图 4-7　排位赛示意图

表 4-4　排位赛活动阶段排品方法

活动节奏	货品组成	货品分类	搭配玩法
排位赛活动	50%热销/专享 40%热销 10%秒杀	热销款/直播专享价款	主推款式，第一批用于0点冲销售和冲排位，另外一批做第二场补充
		流量款	引流和保销作用，重点讲解，为拉新带来更好成效
		秒杀款	直播间回流使用，设置几个流量的高峰点，可刺激波段性销售和截留新粉

　　排位赛是商家比拼的擂台，它的玩法更灵活，也更加复杂。商家们需要在参与排位赛过程中实时监测数据，不断学习榜单前列商家的玩法，从而提升自己直播间的直播成效。排位赛对运营的要求会更高，对实践落地的效率要求也更高，对排位赛阶段的运营较有难度，还需商家不断摸索，沉淀出适合自身类目的冲榜方法。

4.3 播品——联动营销，引爆高效转化率

4.3.1 连麦新玩法激发新活力

连麦玩法是 2020 年推出的直播玩法，这一玩法过去使用于秀场直播中，秀场直播中的两位主播通过连麦对话带来粉丝的相互置换。

直播中连麦的玩法可获得 1+1>2 的好成效。如果觉得自己的粉丝量太少，无法获得满意的观看量，就可以通过与用户画像相似的非竞品商家进行连麦，增加更多的粉丝量和观看量，也可以通过与达人连麦，吸收达人沉淀的粉丝。

在连麦的过程中，如何联动产品玩法呢？

商家可以将本场直播中的部分单品给予对方店铺粉丝更高的优惠，比如使用"一元秒"和"抽免单"的形式营造直播间氛围，通过秒杀福利为新用户的首次下单提供契机，在两家店铺中架起"相互带货的桥梁"。相似的用户画像会增加两家店铺的粉丝量，相互置换的模式也更加公平，不论是大商家还是小商家都可以尝试，连麦玩法能够为拉新和转化带来帮助。

4.3.2 直播间爆款联动短视频玩法

在直播间运营过程中，商家必须完成对每一个产品的宝贝讲解的录制，这被称为"打标"，只有在产品上打标，用户才可在宝贝详情页的右上方看到直播讲解的入口（如图 4-8 所示），点进去即可看到上一场直播中对该产品的展示。

过去用户想看到"动起来"的产品只能依赖主图视频，现在拥有了宝贝讲解录制并在详情页露出的功能，替代了用户对主图视频的需求，也解决了商家制作主图视频耗时长、耗精力的苦恼。从另一个方面来说，想要完成直播的公域推广，给直播间产品打标是必须有的流程，所以每一场直播，商家都务必完成全场的宝贝讲解录制。

图 4-8　直播讲解入口

现在有不少聪明的商家学会了在直播期间同场录制短视频的方法：一个摄像头进行直播，同时架起手机进行短视频的录制，完成后使用软件迅速剪辑就可完成对短视频的制作。据了解，目前短视频内容占手机淘宝首页"猜你喜欢"约 13% 的流量，商家通过淘宝后台短视频的投放渠道，省时、省力地完成了短视频内容创作，效率高、方便简单且投放后有机会获取更多公域的流量。如果短视频制作精良，那么投放至站外引流渠道也有机会获得不错的拉新成效。

4.3.3　爆款联动达人直播玩法

时至今日，商家与达人主播的合作依旧是热门。以前，商家直接将爆款产品给达人带货，如今商家对达人主播提出更高的要求，希望达人主播在直播时能够为自己店铺导流粉丝，将有购买意向或者和店铺相匹配的达人粉丝转化为店铺粉丝。

针对这样的玩法，我们整理出以下三个步骤，供各位商家学习效仿。

步骤一：寻找对标的达人主播。

主播的用户画像与店铺的用户画像相匹配将会带来更好的粉丝沉淀效果，所以商家首先要选择与店铺的用户画像有更多交集的达人做主播。主播的各项数据与主播粉丝的画像可以在"阿里V任务"网站中进行查找，"阿里V任务"是淘宝官方的达人平台，在这个平台上，商家可以搜索到淘宝站内所有达人的名单并查看其相关报价。

需要特别关注以下三项达人主播数据：

（1）品牌"用户浓度"，大于15%以上较好。

（2）品牌用户资产排名，越靠前越好。

（3）粉丝基础特征（性别占比、年龄分布、粉丝城市分布、类目偏好、生活偏好等），越符合直播粉丝人群画像越好。

步骤二：沟通合作，制定营销策略。

在对接到达人后，为其提供产品样品，进入达人主播的选品阶段。达人主播一般会对商家的营销利益点有所要求，商家可以与达人相互协商确定直播的利益点，从而实现更好的带货量。

这里需要提醒各位商家，给到达人的利益点必须大于店铺利益点，不论是通过直接降价的形式还是赠品的形式都与店铺的利益点做区分，让达人主播直播间的产品更有诱惑力，通过优惠活动，吸引达人粉丝关注产品及店铺。

步骤三：直播期间达人口播引导关注，店铺用直播承接新关注粉丝。

在达人直播的过程中商家可以让达人通过话术为自己店铺做引流，比如：宝宝们喜欢的话可以关注一下这家店铺，他们家的产品还是不错的。

在达人直播的过程中，商家也必须同时直播，且商家直播的标题需要对达人粉丝有一定的引流作用，比如新粉丝必看的店铺十大好物等，以吸引新粉丝进入商家直播间，提升粉丝黏性。

通过以上步骤，商家就完成了一轮精准的吸粉，如果与多个达人进行合作，就相当于在多个达人的粉丝中经历了一轮"过滤洗粉"，将与自己店铺用户画像匹配的达人粉丝变成了自己的粉丝，既对销售目标有所帮助，也完成了粉丝沉淀，两全其美。这一玩法无门槛，中小商家也可以尝试。

对于商家而言，产品的玩法在运营初期是有难度的，因为只有对产品、用户和平台营销玩法有了深入了解，才可结合产品本身的消费潜力在直播间完成精细化的产品运营。

本章习题

1. 单选题

（1）以下哪一项不属于产品管理的误区？（　　）

A．排品过多　　　　　　　　B．排品数量精细化计算

C．排品无迭代　　　　　　　D．排品混乱

（2）以下哪项不是直播间排品的三原则？（　　）

A．利润越高，位置越好　　　B．好货放在好位置

C．有层级的梯度化管理　　　D．利益点信息完善并有效触达

（3）关于直播间产品的定位，描述正确的是？（　　）

A．引流款：店铺主力销售单品，通常是店铺销售前列的热门爆款。

B．秒杀款：直播日销阶段提升转化率的单品，以秒杀降价的利益点带动销售额。

C．利润款：销售能力尚可，有提升转化率的潜力单品，可做热销款的平价替换款。

D．清仓款：销售能力不足，转化效果一般，比较"鸡肋"的冷门款。

2. 多选题

（1）直播间的产品迭代需要依据哪三个原则？（　　）

A．随着营销波段迭代　　　　B．随着主播需求迭代

C．随着产品定位迭代　　　　D．随着销售表现迭代

（2）在爆款联动达人的直播玩法中，需要特别关注以下哪三项达人主播数据？（　　）

A．品牌用户资产排名，越靠前越好。

B．品牌"用户浓度"，大于15%以上较好。

C．品牌用户性价比数据，越高越好。

D．粉丝基础特征（性别占比、年龄分布、粉丝城市分布、类目偏好、生活偏好等），越符合直播粉丝人群画像越好。

3. 填空题

(1) 日销小促阶段的销售目标，能够服务于（　　）的累积，提升该时段的（　　），也能够服务于（　　），用（　　）和（　　）推动销售额。

(2) 当"618""双 11"等大型促销节日到来时，大促阶段应多推广（　　）的单品，（　　）比（　　）更重要。

4. 问答题

(1) 如何理解"产品的精细化运营管理"？

(2) 假如今天是"双 11"活动的前夜，请简述一下次日活动的直播排品顺序和理由。

第 5 章 直播的营销策划

5.1 了解直播营销

5.1.1 直播营销的概念

是否还记得看电视时经常看到的电视购物广告?"不要 2999,不要 1999,只要 998,某某(产品)带回家!"主持人振奋人心的解说词和略显浮夸的产品展示令人印象深刻。随着智能手机的普及和移动网络的发展,人们看电视的时间少了,看手机的时间多了,直播应运而生。而直播营销就是以往电视购物的升级版,以实时的直播,介绍、宣传并售卖产品,使得用户自愿购买。

直播营销具有以下三个特性,如图 5-1 所示。

图 5-1 直播营销的三个特性

1. 实时性

以往的电视购物是录播的,可反复播放,而直播营销是实时的。在直播屏幕里出现的人、听到的话,都是某个直播间、某个户外取景地或者某个主播的家里此时此刻正在发生的事情,主播也能看到用户给的实时反馈。随着主播喊出"3、2、1,上链接!",后台运营实时上架相关产品供用户浏览下单。

2. 互动性

直播间的互动功能包含转发、点赞、评论、分享、打赏、关注、下单、入会等一系列动作,如图 5-2 所示。

图 5-2　直播互动功能

随着流量一波又一波涌入直播间，主播会及时口播"新进来的宝宝不要忘记点击头像上方红色关注按钮关注我们哦"，以引导新流量的关注；当用户看到喜欢的主播又开播了，又放出了需要点赞才能解锁的福利等，就会猛戳屏幕疯狂点赞；当一款超级福利品或爆款产品上架时，用户们拼手速抢着下单，一秒钟产品就售罄。

"3号链接还有吗？3号链接补货"用户在直播间里不断提出自己的疑问和诉求，主播也根据用户的呼声及时反馈回复，优化直播间和产品，这是电视购物无法比拟的极强互动，让整个直播间都热闹了起来。

3. 营销性

直播有很多形式，明星直播是为了与粉丝互动并宠粉，才艺博主直播是收"打赏"，还有一些公益性质的直播为了宣传社会正能量等。本书中的直播，主要是指达人、店铺、品牌的带货直播，这类直播有明确的目的性：宣传产品，引导用户下单，提升销售额。主播不以讲段子或者跳舞等才艺表演为主，主要就是介绍产品，把产品的卖点说清楚、讲明白，让用户下单。

5.1.2 直播营销的发展与优势

目前中国有 9 亿多人看短视频，8 亿多人会进行网购，电商、直播、短视频……热议的关键词与增长的数据背后，是互联网时代电商平台的变革与全民生活方式的转变。以货为主的电商平台转向以内容为主的学习/社交/娱乐平台，同时向流量变现的方式转变，其中的交汇点便是直播营销。

传统的货架式销售是"人找货"：当用户有明确的需求时，打开软件搜索关键词，就可以挑选自己心仪的某款产品。而直播营销更偏向于"货找人"，具有极强的实时性和互动性，其天然的优势可以归纳为以下 3 点。

1. 让用户"种草"

有些产品如果不宣传，则用户是无法知道的，自然也不会来搜索。比如有款达人直播间的好物"当妮留香珠"，是一种可选择各种香味的颗粒型留香珠，只需要在洗衣机里放几颗，洗出来的衣服就特别香，并且它富含黑科技留香因子，哪怕将衣服晒干了放进衣柜里，下次穿的时候，也留有淡淡的香味。

追求生活品质的人会主动来搜索吗？不会，因为在用户观看直播之前，是不知道有这种产品的存在的，哪怕有"需要衣物清香"的需求，也只能想到买有香味的洗衣液，但洗衣液的香味持久度远不如留香珠。

还有诸如收纳神器、黑科技面膜等产品，都可以通过直播营销让用户"种草"。

2. 增强产品的真实感，提升转化率

与二维图文页面相比，直播营销是多维度、立体化的，用户不仅能在直播中看到产品的真实外观，还能听到声音、看到测评、感受产品品质。一包普普通通的纸巾，页面里写着"可湿水，柔韧不易破"的卖点，但用户无法直观地感受到，主播可以在直播间直接拿起水倒入纸巾，向用户展示湿水后的纸巾效果，用户可对产品卖点有更直观的感知，加上直播的优惠价，产品转化率自然就能提升，如图 5-3 所示。

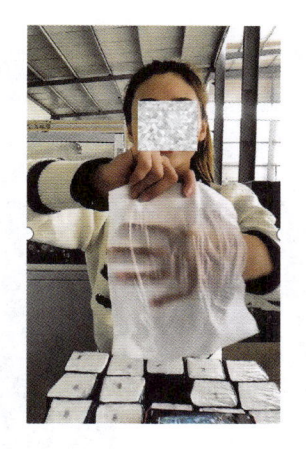

图 5-3 主播展示商品卖点

3. 节省成本，商家与用户双赢

传统的电商货架式营销，除了要做页面装修，还要在用户可能搜索的渠道页面里做竞价展现，这样就使得赛道拥挤；在线下，开一家实体店的成本也不低；如果是工厂，那么不少利润都给了经销商；直播营销"没有中间商赚差价"，商家店铺直接面对用户，省去了传统店面所需要的成本，从零售卖货的角度来看，直播营销门槛低，发展空间大。商家节省了成本，用户也通过直播间秒杀和团购等形式以较优惠的价格买到心仪的产品，实现了双赢。

5.2 电商主流——淘宝直播

5.2.1 淘宝直播平台简介

淘宝直播于 2016 年创办，是 5G 时代下消费生活类直播平台，从传统电商货架式运营升级至内容化的新型购物场景。

在淘宝，商家参与直播主要有两种途径：第一种是大众较为熟悉的达人主播带货，第二种则为店铺自播（简称为店播）。通常，商家会在大促、上新等关键节点加强与达人合作的力度，达到冲销量、打爆品的营销目的。而店播更多的是商家用于沉淀用户、提升粉丝黏性、营销推广、为用户答疑解惑的常态化动作。对于商家而言，相较于第一种直播的集中爆发，店播是一个循序渐进的过程。越来越多的商家察觉到，要想在直播场景中建立"护城河"，店播是必不可少的一步。如图 5-4 所示为淘宝直播业务核心。

图 5-4　淘宝直播业务核心

1. 前端展现

如图 5-5 所示为淘宝直播版面，淘宝直播在手淘 APP 有专门的展现渠道。

图 5-5　淘宝直播版面

2020 年 10 月，点淘 APP 上线，点淘首页如图 5-6 所示，点淘是淘宝官方推出的一款"短视频+直播购物"平台，许多淘宝直播重度用户都是直接在点淘上进行直播购物的。

图 5-6　点淘首页

2. 后台操作

下载"淘宝直播"客户端，登录后即进入淘宝直播中控台，如图 5-7 所示，在中控台可以进行创建直播、设置优惠券、添加互动等操作来运营直播。

图 5-7　淘宝直播中控台示意图

5.2.2　高效开启淘宝直播

如果是第一次以主播的身份进行淘宝直播，则需要下载淘宝主播 APP 并进行认证，等待认证被审核通过后即可拥有开播权限，大概的注册步骤如图 5-8 所示。

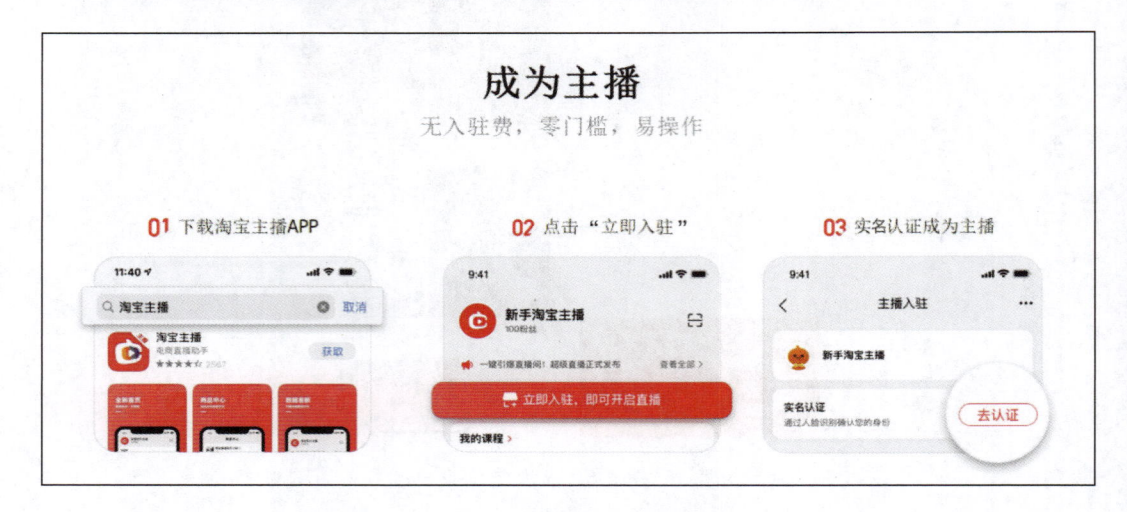

图 5-8　主播注册步骤

一场优质的直播，并不只是点击开播这么简单，它需要前期的策划和预热，以及后期的认真执行。我们将直播分为直播前、直播中和直播后来具体讲述。

1. 直播前

在直播前需要做策划、创建直播预告、预热和物料准备工作。

策划直播的主题、福利等活动信息，根据拟定的内容做预热，创建直播预告，还要准备物料。比如，下周要做一场以春装上新为主题的直播，需要跟运营确认产品库存情况、直播间优惠券档次和下单新品福利等营销内容。在确认好这些内容之后，点击"淘宝直播"客户端，来到中控台，点击"创建直播"，设置直播预告，如图 5-9 所示。

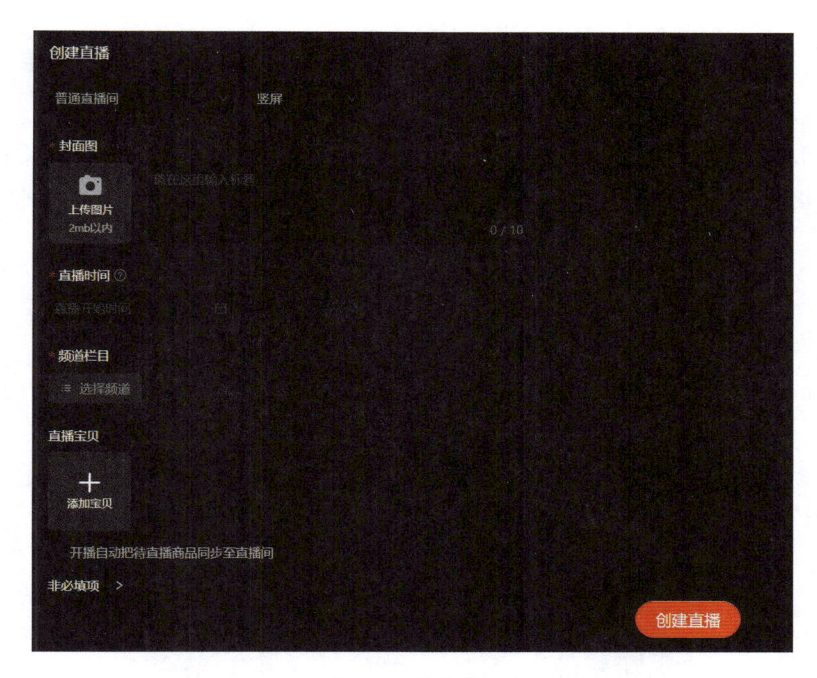

图 5-9　创建直播

在创建直播页面根据该场直播策划的实际情况填写即可，带"*"的为必填项，这里重点说一下直播封面图。

直播封面图对直播的作用就相当于人的衣着打扮对人整体气质的作用一样，十分重要，优质的、吸引人的封面图有利于提高点击率，从而使直播间人气更旺，如图 5-10 所示。同样的道理，劣质模糊的封面图会影响点击率。优质封面图的共性：清晰、美观、构图合理、亮度适中、有场景感。

图 5-10　优质直播间封面图

注意，直播封面图不得出现过度拼图和打马赛克的现象，也不得包含文字、促销信息等内容，否则无法获得公域展现的机会。

将有明星侵权、密集/恶心、插画/漫画，以及与自然现象不符、与主题无关等情况的图片作为直播封面图也是不可以的，如图 5-11 所示是一些不太妥当的封面图案例。

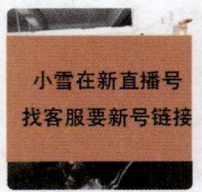

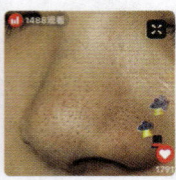

图 5-11　不太妥当的封面图

在直播预告创建好之后，就需要为这场直播进行一定的预热，主要有如图 5-12 所示的几种预热方式。

直播是实时行为，为了保障开播的流畅度以及避免一些突发情况，最好在直播前确认物料和硬件设施，具体如下。

- 灯源、电源、电脑等设施是否正常。
- 卡片、引导牌等物料是否配齐。
- 充电宝、手机等设备需要提前充满电。

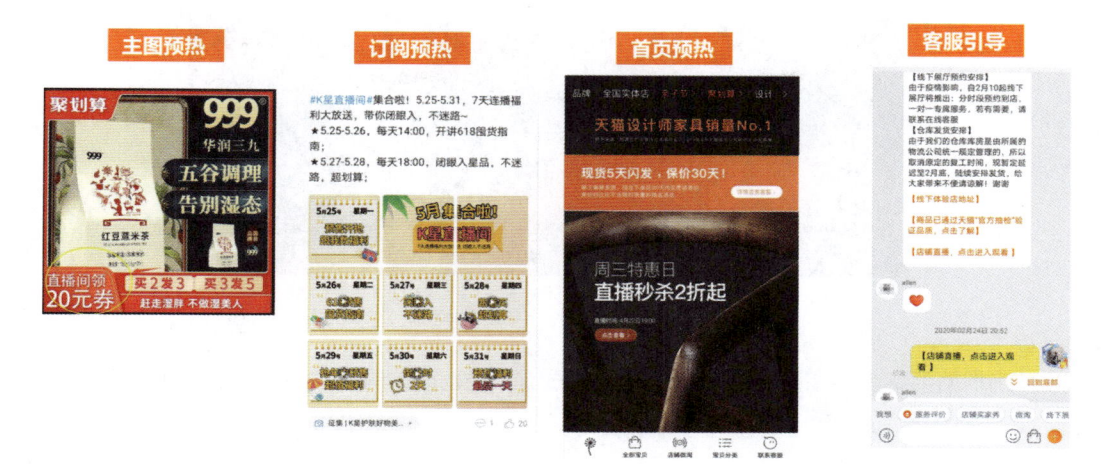

图 5-12　直播间预热方式

2. 直播中

在手机端或电脑端中控台选择之前建立的直播预告，点击"开始直播"即可开播。在开播后，需要主播、运营、场控及客服各司其职。每个职位的具体分工及注意事项可以参考本书第 3 章的内容，这里介绍淘宝直播的一些操作要点。

（1）优惠券设置

进入中控台，点击左侧菜单栏的"直播管理"找到该场直播，点击"直播详情"进入直播管理页面，如图 5-13 所示。

图 5-13　点击"直播详情"

在"互动中心"找到"优惠券红包"进入设置页面，如图 5-14 所示。

图 5-14　点击"优惠券红包"

直播间的优惠券需要单独设置，点击"自有权益&授权的权益"按钮后，在跳出来的页面点击"创建优惠券"，创建时必须选择"淘宝直播渠道优惠券"。直播间的优惠券一般分为两类：①无门槛优惠券，该券主要针对新客户，以提升直播间的转化率；②满减券，该券主要针对老客户和高客单顾客，提高直播间的客单价。因此，在设置优惠券的领取条件时，一般针对无门槛优惠券的领取设置"关注主播"即可，满减券的领取可以设置一些其他行为，如"观看时长"和"点赞"等。直播券权益设置如图 5-15 所示。

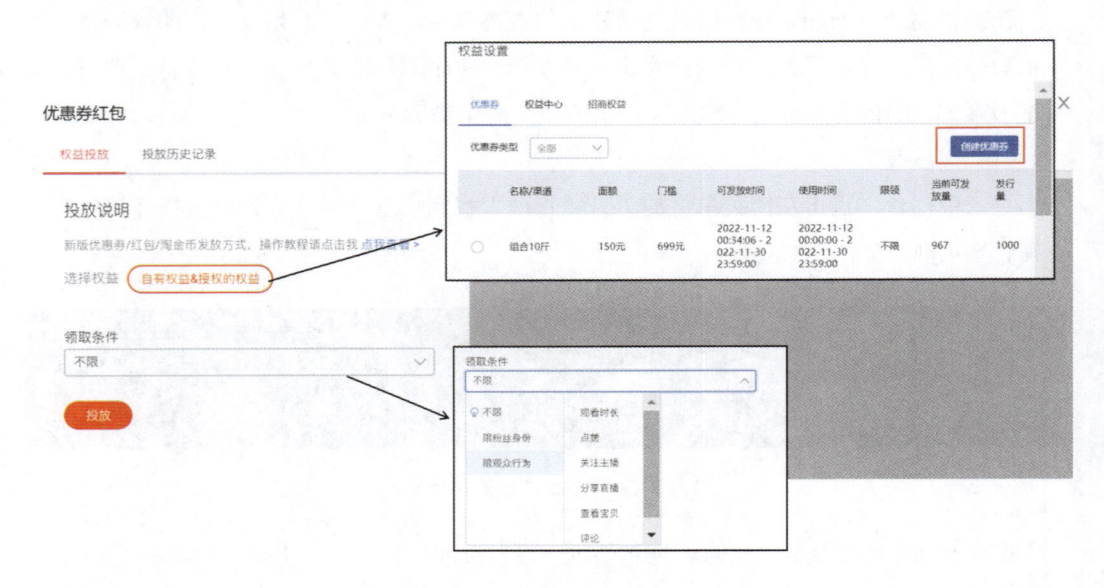

图 5-15　直播券权益设置

（2）添加商品

直播间的商品，尤其是福利款、秒杀款，是根据主播"3、2、1，上链接"的口令实时上架的，点击中控台"宝贝列表"中的"+商品"，即可实时在直播间的宝贝口袋上架商品。购物车上架商品，如图 5-16 所示。

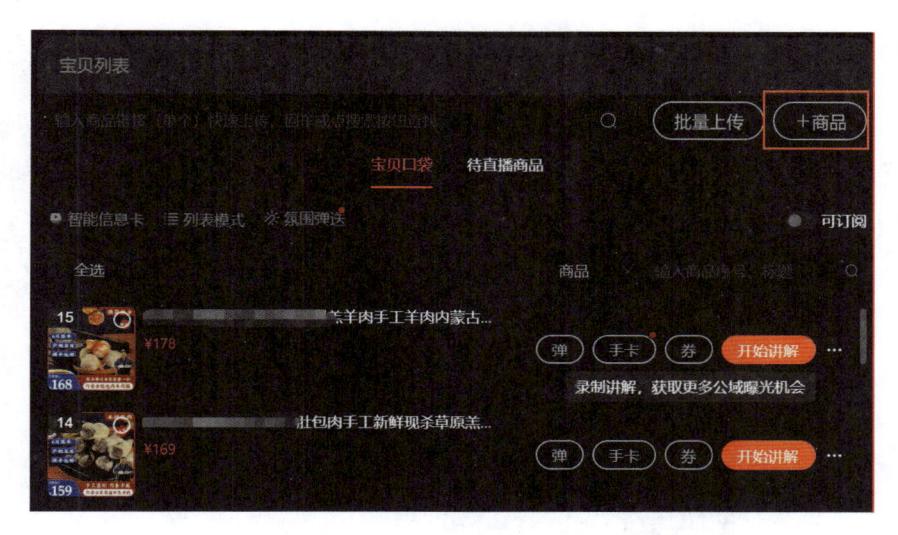

图 5-16　购物车上架商品

（3）评论管理

用户会在直播留言板发表评论、提出疑问，主播需要尽可能及时地查看留言板，并口播回复用户的问题。在直播后台的右侧栏也可以看到实时评论，运营需要实时监测并管理评论区，直播间评论区如图 5-17 所示。

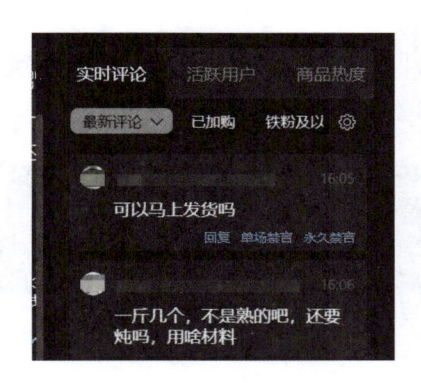

图 5-17　直播间评论区

针对一些高频问题或需要打字才能清晰表达的问题，运营就可以点击回复；遇到有广告导向或黑粉性质的用户评论，也可对用户进行禁言操作。

3. 直播后

准备结束直播时，需要点击电脑端"直播设置"中的"结束直播"，或点击手机端右上角"×"，在出现的界面中再点击"终止直播"，即可正式关闭直播。结束直播操作如图5-18所示。

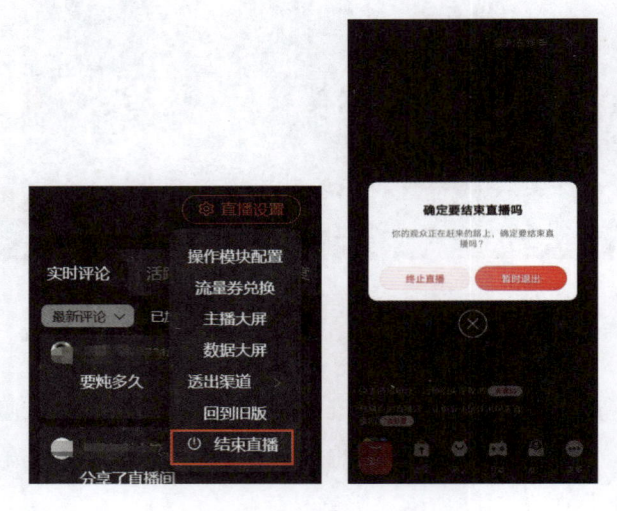

图5-18 结束直播操作

在直播结束后，可在中控台的左侧栏"直播管理"中找到该场直播，进行回放、删除等动作，直播间回放操作如图5-19所示。

图5-19 直播间回放操作

另外，建议在本场直播结束后尽快完成对直播间的清理和维护等工作，以便保证下场直播的顺利进行。

5.2.3 必须了解的直播权重

权重是指某个要素对某一事物的重要程度。比如一张 100 分的试卷,选择题占了 20 分,作文占了 30 分,那么我们可以说,作文占了 30%的权重,选择题占了 20%的权重,作文比选择题的权重高。

和店铺运营的各项权重要素一样,淘宝直播中的各项权重要素也能够对直播间的产品展现有一定的作用,各项权重要素表现越好,说明直播间的效率越高,同时直播间所能得到的产品曝光量也就更多。那到底是哪些数据在影响着直播权重呢?

总体来说,淘宝直播中的权重要素分为两类,一类是静态权重要素,另一类是动态权重要素。

1. 静态权重要素

静态权重要素主要指直播间的封面与标题、直播标签、开播时间和地点、直播预告、开播时长等,这些数据在商家开播准备期基本已经被确定,之所以被称为"静态权重要素",是因为这些数据相对稳定,不会因直播中的各项表现产生浮动。

静态权重要素如图 5-20 所示。

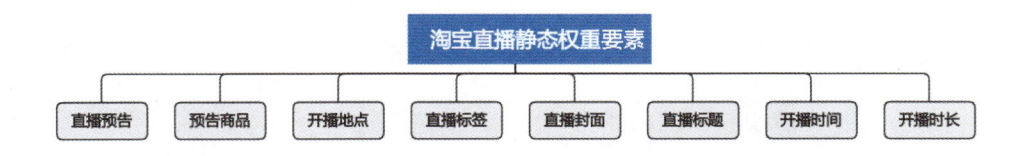

图 5-20 淘宝直播静态权重要素

这里着重提一下静态权重要素中的直播标签。

直播标签是对商家直播间的内容打一个匹配契合的标签,便于平台将本场直播的内容归类,并推送进前台相应的频道栏目里去,以便商家可以获取准确的用户人群,让直播更满足受众的需求(如图 5-21 所示)。

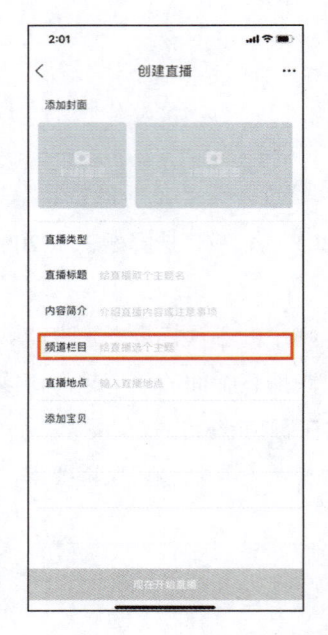

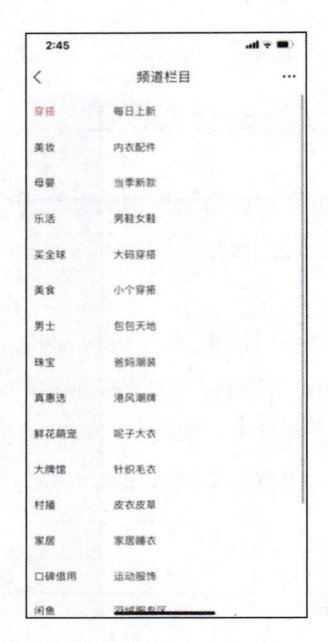

图 5-21　店铺直播标签

平台通过直播标签将优质的直播间内容推送至公域浮现，优质直播间也就有机会获取更多的公域流量。直播标签与直播间的产品有直接关联，比如直播标签为穿搭，则表示直播的是服饰穿搭类目产品等，每场直播有且只有一个标签选择，只要选择匹配自己内容的标签即可，这直接影响直播间人群的准确性，人群越准确，公域展现的效果越好。

2. 动态权重要素

相较于静态权重要素，淘宝直播的动态权重要素则更加灵活多变。

动态权重的要素（如图 5-22 所示）数据，在直播过程中，会因直播的实时表现而产生浮动，尤其是访客停留时间和同时在线人数等数据都处于不断变化中，动态权重越高，相应的公域展现也会越好，对直播间拉新、曝光有很大的帮助。这些要素数据是运营人员需要时刻关注的。

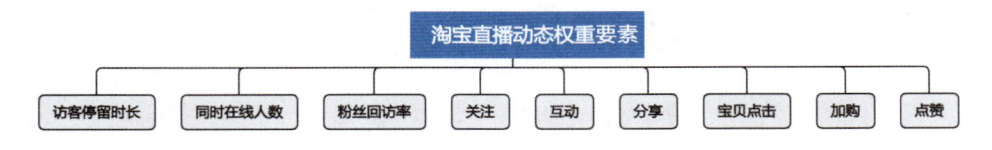

图 5-22　淘宝直播动态权重要素

广义上，我们理解的直播权重要素就分为以上两类，二者相互作用推动商家的直播间获取更多的公域流量。

5.2.4　私域运营与公域引流

优质的直播间是公域与私域联动的：若私域活跃数据表现好则会获得更多公域流量；在公域流量进入直播间后，直播间有能力承接住这些流量，并且将这些流量转化为自己店铺的粉丝，直播间以此再去获得更多的公域流量，实现良性循环。

1. 店铺的私域运营

店铺私域运营中的私域流量是指积累在店铺里的只有点击进店铺、关注过店铺和购买过店铺产品的用户流量。私域流量相对封闭，它的端口一般有以下几种。

- 店铺首页直播 Banner：当商家完成直播的开通后，每一次直播的预告和正在进行的直播都会在手淘店铺首页上进行展示，直播 Banner 的位置仅次于店铺的名称和分类栏。当用户看到正在直播的直播间时，如果直播主图和标题足够吸引人，用户就会点击进来。如图 5-23 所示，红框的位置就是店铺首页直播 Banner 的展现。
- 客服消息触达：在用户主动咨询产品和活动时，在客服回复中添加引导用户至直播间的链接，并邀请用户至直播间领取优惠券等。
- 用户短信：虽然很多商家都已经开通了直播，但是用户很容易忽略大量的触达和提醒信息，所以部分商家会使用短信形式，给用户发送短信，提醒用户添加直播间的地址，用户则可以通过短信中的链接点进直播间。
- 其他店铺自主引流流量：若在订阅页面引流直播间，则在详情页中设置引流 Banner 并导入直播间。

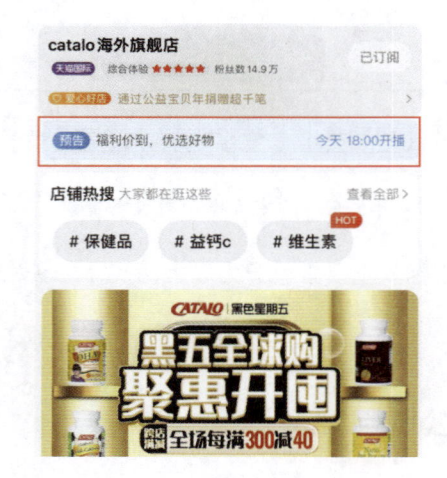

图 5-23　直播 Banner 的展现

想要做好私域运营，就需要在以上端口透出直播信息，为直播间做好预热，让私域流量在开播的时候能进到直播间，并进行点赞、评论、收藏加购和购买等行为，使得直播间的初始数据表现优秀，这样直播间才有机会获得更多的公域流量。如图 5-24 所示为私域展示。

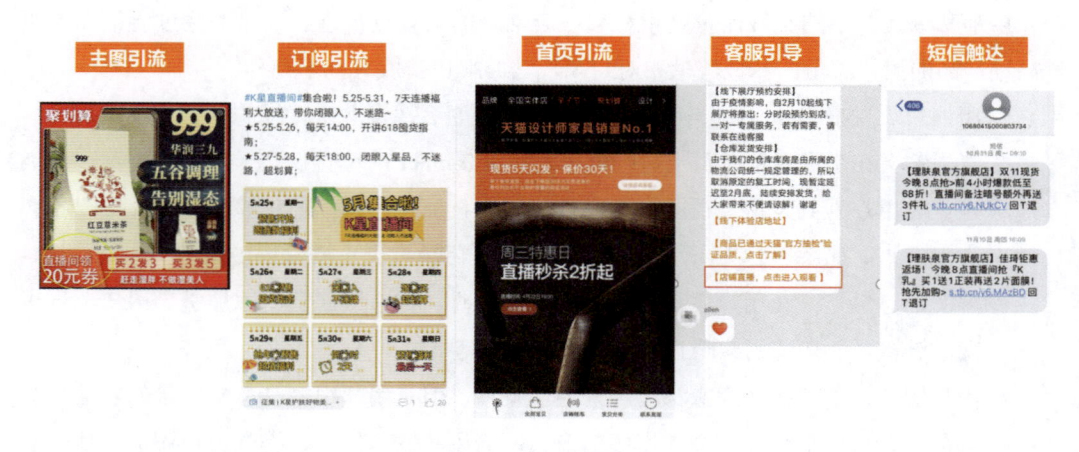

图 5-24　私域展示

2. 公域引流

这里的"公域"是指首页推荐和直播广场等店铺之外的公共流量。第 5.2.3 节介绍了直

第 5 章 直播的营销策划

播的权重，静态权重和动态权重综合表现越高，直播间所获得的公域流量就越多，获得公域流量有以下几个关键点。

（1）提升直播等级

无论是达人直播账号还是商家直播账号，淘宝都将主播分为 V1~V7 共 7 个等级，每个等级的主播所拥有的权益和对应的权重是不同的，如图 5-25 所示，我们可以看到，只有 V2 级及以上才拥有公域浮现权。

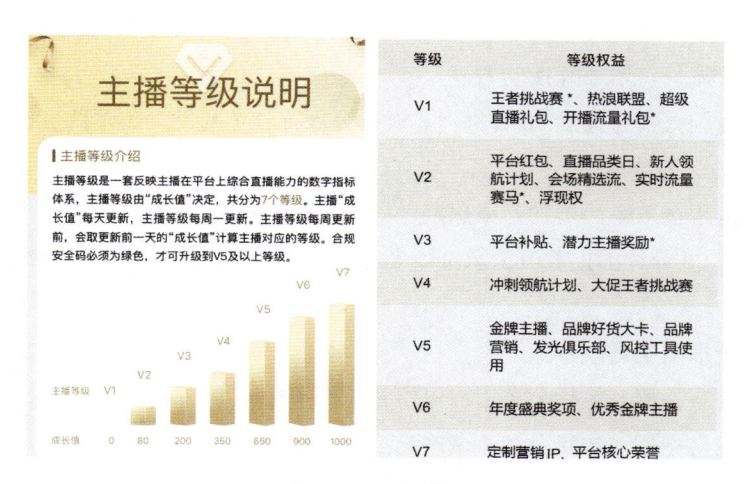

图 5-25 主播等级

那么直播账号该如何升级，主播有哪些考核指标呢？ 我们需要了解一下淘宝主播的成长值规则，如图 5-26 所示。

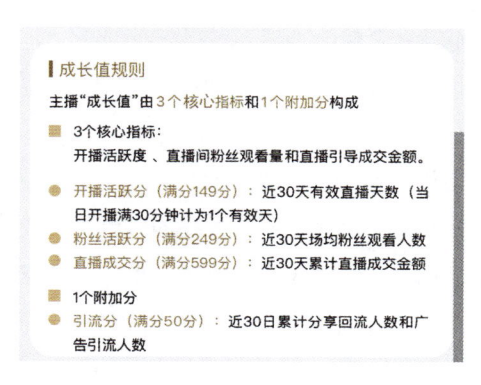

图 5-26 淘宝主播成长值规则

主播成长值由 3 个核心指标和 1 个附加分构成，3 个核心指标是：开播活跃度、直播间粉丝观看量和直播引导成交金额，1 个附加分是引流分。在主播的这几项指标综合达到各等级的升级门槛后，其就可成功提升至下个级别，主播等级每周一更新。

因此，如果你是新手，刚开播，则不妨给自己定个小目标：先到达 V2 等级，拿到浮现权，然后保持固定的开播频率，引导粉丝在直播间下单。

（2）提高关键数据

截止到 2022 年年底，淘宝直播推荐流量机制升级，以下关键数据需要提高。

①公域推荐流量，增加开播助力。

平台会在每场直播开播后 30 分钟内，进行公域推荐流量助力，帮助直播间流量快速启动。

②推荐流量承接效率，增加开播探测。

开播后的前 30 分钟的推荐流量承接效率会决定你的直播间是否可以持续获得公域推荐流量。

有以下两个探测指标。

指标一：内容指标，包括公域用户停留时长等指标。

指标二：交易指标，包括公域流量产品点击次数和引导成交额等指标。

探测通过标准：只要内容指标或交易指标达到基础效率门槛，就能顺利通过探测标准。若两项指标都很差，则可能大幅影响公域推荐流量（广告、店铺及商品详情页的私域流量不受影响）。

所以，我们要重点关注开播后的前 30 分钟的数据表现，重点提升用户停留时长，增加产品被点击次数，同时增加用户成交量。

- 停留时长，衡量直播内容是否能吸引用户驻足，用户停留时间越长，说明用户对直播间的兴趣越大。
- 产品被点击次数，即用户点击查看直播间左下角宝贝口袋产品的数量，产品被点击次数越多，说明直播间的产品越优质及主播的讲解越有吸引力。
- 用户成交量，指用户在直播间通过宝贝口袋下单的成交量。

5.2.5 店铺直播案例解析

我们来赏析一家很有特色的大码女装店铺的直播——爱朴大码女装直播。这家店铺拥有近百万粉丝,是天猫女装 TOP 5,大码女装 NO.3,店铺直播成交量占比达到 80%。这些成绩是如何做到的呢?我们从人、货、场三个方面来分析。

1. 人

大码女装的目标用户是身材微胖或偏胖的女性群体,该店铺主播婷婷就是目标用户本身。如图 5-27 所示,我们可以看到她的身材胖而不臃肿,而且其长相和说话也较为讨喜,这就符合了"出镜人物是与目标用户相似或让目标用户喜欢的主体"的原则;要么主播本身就是目标用户群体,如大码女装店铺主播都是微胖型身材女性,护肤品商家主播大多是皮肤状态亮白光洁的年轻女性;要么主播是目标用户喜欢的主体,如主营农副产品商家的主播,皮肤黝黑、戴着草帽直接在户外就开播,看上去很质朴,让用户产生信任感。

图 5-27 大码女装店铺直播

大码女装主播介绍产品的方式也体现了其很强的专业能力。大码女装的用户对产品的需求主要有两点：好看和显瘦。衣服的外观可以一眼看出来，那如何体现显瘦呢？该主播每次准备试穿下一件衣服的时候都会着重说一下自己的体重"我平时选衣服都是 2XL 的，我有 160 斤，真的"，说着就走进镜头展示她肉肉的身材，让用户充分感受到她"确实胖"，然后说"宝宝们，接下来注意看这件衣服真特别显瘦，我要变魔术了哦"，说完立马套上要介绍的新衣服，并全景展示给用户，如图 5-28 所示。经过前后的对比，用户能明显感受到衣服显瘦的效果，直播间的"种草力"和转化率自然有所提升。

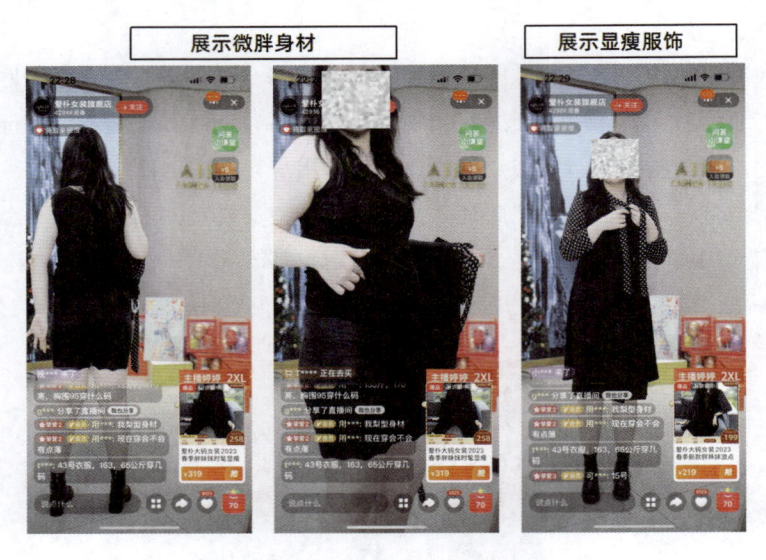

图 5-28　大码女装店铺直播服饰效果对比

因此我们可以提炼的可借鉴直播要点是：

（1）出镜人物是与目标用户相似或让目标用户喜欢的主体。

（2）以店铺产品风格为基准，结合店铺消费群体属性及偏好，融合主播的个人优势，倾力打造既符合店铺标签又能被消费群体认可的优秀主播。

2. 货

服饰类目的商家的产品有很强的季节性，需要不断地上新。不同于一般的档口拿货，大码女装店铺会着力开发自有款式，减少用户撞衫的尴尬。如图 5-29 所示为大码女装店铺产品，该店铺产品结构占比是 60%通货和 40%独家。

在直播间，主播会不停地试穿产品，但这时候也有侧重点。宝贝口袋中的热卖宝贝是该场直播重点产品，主播会反复介绍，并且将其置顶在上方。一般热卖宝贝放的是想推广的新款、利润款或库存较多款，利用直播可以更好地提升该产品的数据表现。

图 5-29 大码女装店铺产品

因此我们可以提炼的可借鉴直播要点是：

（1）全店的产品排布非常重要，而且要有自己的产品竞争优势。

（2）直播间的产品排布要在全店运营的基础上精细化运营。

3. 场

大码女装店铺产品都是较为中端的，但它们在直播间却被搭出了高级感。有了这份高级感的第一印象，用户对产品价格的心理预期就会很高，而当用户真正点开宝贝口袋看到较为中端的价格时，就会觉得"也不贵"，这时候产品的转化率自然也就上去了。

清晰明亮的灯光、简约大气的装修风格和跟随主题而变换的电子屏是该店铺直播场景的三大要素。

恰到好处的灯光提升了用户对直播间的第一印象；简约大气的装修风格，让用户的目光都聚集在服饰和主播本身；电子屏可以根据不同的主题做海报切换，十分方便。当然，节假日和大促会适当加一些符合氛围的道具，如在圣诞节期间放了圣诞树和气球，烘托节日的气氛。如图 5-30 所示为大码女装店铺布景。

图 5-30　大码女装店铺布景

因此我们可以提炼的可借鉴直播要点是：

（1）直播间的场景打造要符合目标用户的审美，且产品价格定位低于用户心理预期可以提升转化率。

（2）在节日/大促期间，建议在直播间加入相关主题元素以烘托氛围。

5.3　风起云涌——抖音直播

5.3.1　抖音直播平台简介

现在一说到短视频，大多数人第一个想到的就是抖音。2016 年抖音 APP 正式上线，是一个面向全年龄段用户的短视频社区平台。一开始抖音以纯娱乐为主，随着"手指舞""海草舞""小猪佩奇身上纹，掌声送给社会人"等热点的兴起与传播，抖音注册用户数不断增加。一条视频可获得上亿的流量、上百万个点赞、无数的网友趣评等，不断创造着流量神话。截至 2022 年，抖音的用户数量高达 8 亿多，月度活跃用户数量有 7 亿多。

在抖音将流量变现有很多种方式，如接单商业广告、挂共享购物车参与分佣、做任务拿激励等。抖音直播大体可分为三种：才艺直播、内容直播和电商直播，如图 5-31 所示。才艺直播一般是网红达人们常用的方式，包括吃播、唱歌、跳舞和搞笑等才艺，开播后可通过粉丝打赏等形式变现。内容直播通常是一些赶海、旅游讲解等趣味性内容。电商直播以推销产品为主，一般会在购物车挂商品链接，本书要介绍的抖音直播主要是指电商直播。

图 5-31　抖音直播三种形式

从 2020 年 10 月 30 日起，抖音电商正式开启。经过两年的迅速发展，在 2022 年"双 11"期间，抖音商城商品总曝光量达 786 亿次。在货架场景，支付 GMV（Gross Merchandise Volume，成交总额）破百万的单品达到 531 个；在内容场景，"双 11"期间直播累计时长达 3821 万小时，挂购物车短视频的播放量累计达到了 29.37 亿次。

区别于淘宝直播，抖音直播以内容为王，让用户在"逛"的同时发现好物，激发用户消费兴趣。试想一下我们平时刷抖音的习惯：工作、学习了一天，累了，打开抖音想放松一下，刷过一条条视频——段子、美食、新闻……偶然刷到一个直播间，主播正在介绍一款冬季加绒打底裤，想想即将到来的寒冷冬季，冲动的你赶紧下单买一条。

在一开始你是冲着买打底裤点开抖音的吗？并不是，你只是冲着抖音娱乐化的内容去放松的，在抖音的无尽内容流里你刷到了一个直播间，这个直播间吸引了你的注意力，于是你在"逛"中不自主地被刺激了消费。这就是抖音直播的魅力——内容为王，在信息洪流中抓住用户的目光很重要。

在大众印象中，淘宝直播更传统一些，其是在认真介绍产品，而抖音直播就显得热闹非凡：今天一边蹦迪一边卖产品，明天一边唱 Rap 一边卖咖啡，后天一边唱歌一边"给家人们 9.9 米上链接"，如图 5-32 所示。为什么抖音直播内容这么丰富、卖货形式层出不穷呢？

因为在一个娱乐化的平台中，用户的购物意愿并没有在淘宝这样的电商平台中那么强，所以平台就需要用一些奇特的形式把流量吸引过来，只要流量基数足够大，自然就会有变现。然而时间久了用户对这些形式与内容难免审美疲劳，于是抖音的内容创作者和直播从业者们，就会不断地迭代新内容以抓住用户的目光，吸引更多流量。

图 5-32 多种形式的抖音带货直播

抖音电商直播，"产品+内容"缺一不可，你准备好了吗？

5.3.2 轻松上手抖音直播

1. 直播前

抖音电商直播在开播前需要做一些准备工作，账号也需要开通电商功能。

（1）申请方式。

登录抖音 APP→"我"→"三"→"创作者服务中心"，在进入"创作者服务中心"后点击"全部"，在"我的服务"中选择"电商带货"，如图 5-33 所示。

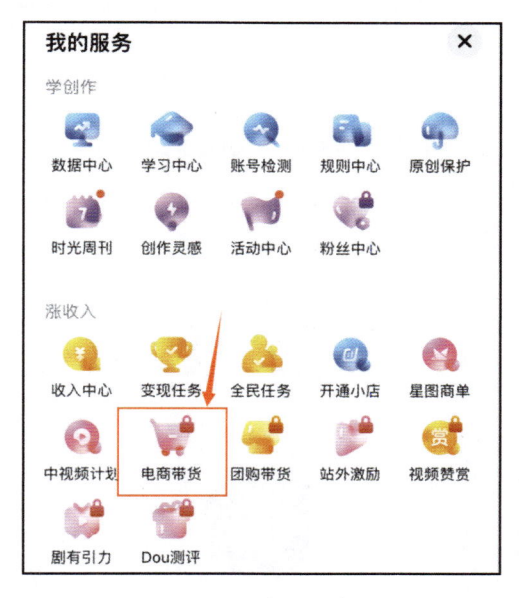

图 5-33　我的服务

（2）申请要求。

- 实名认证。
- 个人主页视频数（公开且审核通过）≥10。
- 账号粉丝量≥1000。

同时满足以上 3 点要求即可申请成功，若粉丝量暂未达标，则建议多发视频，在引流转粉后再申请。

此外，在直播前还需要以下操作。

①确定主播：确定主播风格。

②选品定价：选品的定价与标准要匹配主播风格。

③确定分工：店铺准备、卖点梳理、脚本设计、场景搭建。

④直播彩排：确定流程、团队磨合。

⑤直播预告：预热视频拍摄、昵称简介修改、粉丝维护、平台同步。

2. 直播中

在做好了前期准备后，就是正式开播了。抖音直播可根据设备划分为电脑直播和手机直播。

（1）电脑直播。

首次进行电脑直播，需要申请开播权限，如图 5-34 所示，首先打开抖音 APP，点击下方的"+"号，在跳转页面中点击最下方一排选项中的"开直播"，然后点击顶部的"电脑直播"，最后申请开播权限。

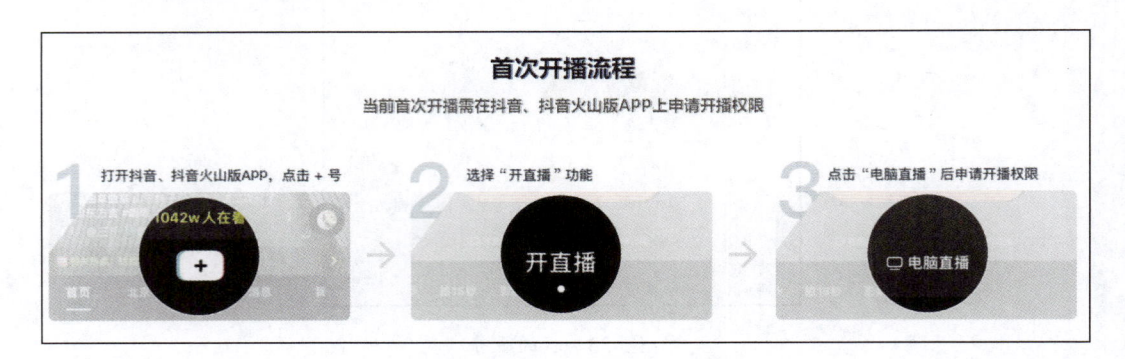

图 5-34 电脑直播首次开播路径

在电脑上下载好直播伴侣软件，如图 5-35 所示。

打开直播伴侣软件，在选择抖音直播后，登录要直播的抖音账号，如图 5-36 所示。

图 5-35 直播伴侣下载

图 5-36 选择抖音直播

登录抖音账号后即进入电脑直播操作中控台，如图 5-37 所示。

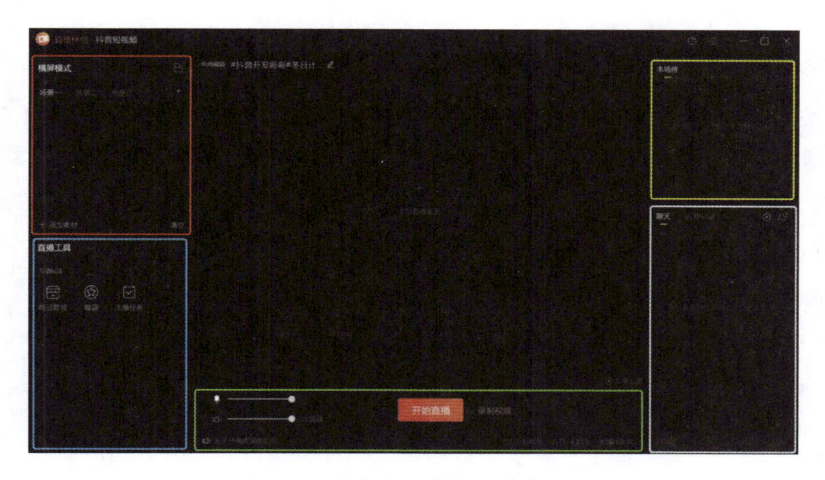

图 5-37 抖音电脑直播操作中控台

下面我们来简单了解一下中控台操作区域。

- 红色框区域：管理场景、添加素材、切换横竖屏。
- 蓝色框区域：常用直播功能。
- 绿色框区域：开关播控制、性能占用情况、官方公告。
- 黄色框区域：直播榜单。
- 白色框区域：弹幕窗口。
- 中央区域：直播画面采集预览。

电脑连接摄像头和麦克风等设备，在相对应的区域内设置操作，最后点击"开始直播"即可。具体更细致的操作步骤，可以点击直播伴侣下载页面右上方的"使用指南"查看，如图 5-38 所示。

图 5-38 点击"使用指南"

（2）手机直播。

手机直播步骤如下。

第一步：打开抖音 APP，点击下方的"+"号，在跳转页面中点击最下方一排选项中的"开直播"。

第二步：进入直播设置页面，设置封面、填写直播标题。

第三步：点击"选择直播内容"，这个选项相当于给自己的直播间打标签，系统会为你的直播间做更加精准的流量分发。比如这次是一场年货节的带货直播，那么就选择"其他"中的"购物/电商"。

第四步：在设置完毕后点击屏幕下方红色的"开始视频直播"即可开播。

具体流程如图 5-39 所示。

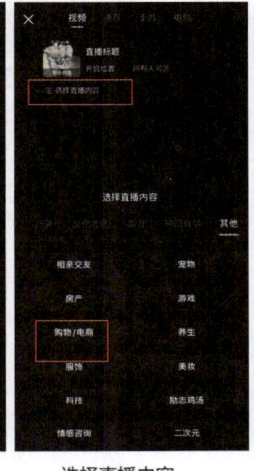

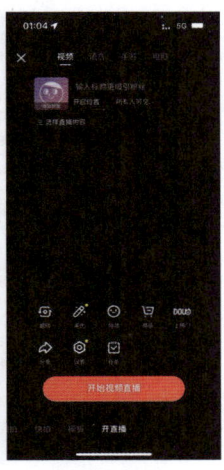

点击"+"号　　　　填写标题/设置封面　　　　选择直播内容　　　　开始视频直播

图 5-39　手机直播开播步骤

抖音电商直播的一般节奏如下。
①直播开场：直播分享、整体介绍/问题答疑、产品概览、抽奖秒杀。
②产品讲解：产品演示、直播切片、引流投放。
③互动秒杀：互动抽奖、福利秒杀。
④直播结尾：重点产品回顾、下期预告/产品征集、售后问题沟通。

3. 直播后

在一场直播结束后，应尽快做直播复盘，针对该场直播中的突发情况做总结，根据数据表现做分析。可以使用飞瓜和蝉妈妈等第三方数据平台对抖音直播进行数据分析。

5.3.3　更多场观的权重解析

每一位开播者都希望自己的直播间有更多的人观看，每场直播点击进入的观看人数就称为"场观"。想要知道如何在开播后拥有更多的场观，就需要了解抖音直播间的流量都是从哪里来的。抖音直播间八大流量入口分别是直播推荐、视频推荐、粉丝推荐、同城推荐、个人主页、商业推荐、搜索推荐、其他推荐，如图 5-40 所示。

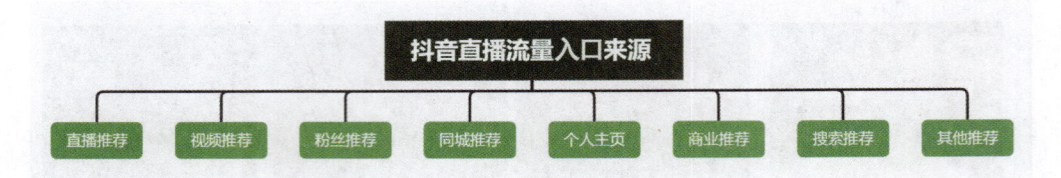

图 5-40　抖音直播流量入口

（1）直播推荐：指直播自然推荐流量，平台依据算法以及直播数据表现，将直播间推送给标签人群。

（2）视频推荐：用户在浏览视频信息流时，点击视频账号头像即可进入直播间。

（3）粉丝推荐：已关注用户可在"关注"信息流查看已关注账号的直播动态。

（4）同城推荐：用户可在实时定位的顶部"地点"菜单栏查看同城直播。

（5）个人主页：用户进入账号的个人主页后，可通过主页头像查看直播状态，并进入直播间。

（6）商业推荐：付费流量主要分为 DOU+、千川等，通过付费推广的形式进行流量采买。

（7）搜索推荐：在搜索渠道，用户进行关键词搜索后所展现的页面直播推荐。

（8）其他推荐：除以上推荐外的其他推荐，如一些特定活动的入口。

其中，直播推荐是抖音直播流量来源占比最大的部分，一个优秀的直播间这部分流量大约要占 60%。当开播时，平台会给我们这场直播的自然流量推荐多少，是由我们直播间的权重决定的，直播间权重包含"账号权重"和"实时权重"。

账号权重越大，开播后首次被推送的人数就越多。比如一个新号开播，平台首次给其推送的人数可能是 30 个人，而一个有固定开播且表现良好的直播账号，可能一开播就被推送 1000 人。接下来，一场长达几小时的直播，平台会分阶段为其持续推流，如果第一波流量数据反馈好，就会推第二波，若第二波流量数据也反馈好，就再给其推第三波，这个流量是一波接一波的，不会一下子推几万人。反之，如果直播流量数据表现不好，平台会减少甚至停止对该账号的推流。至于每一波推送多少展现，取决于直播间的实时表现，这就是"实时权重"，也可以称为动态权重。抖音电商带货直播间的动态权重主要有以下几个指标，如图 5-41 所示。

- **UV 价值**：销售额/访客人数= UV 价值，也就是每一个进入直播间的访客给我们带来的价值有多少。比如一个直播间单场直播销售额是 10 000 元，访客是 5000 人，那么 UV 价值=10000/5000=2（元），也就意味着该场直播平均每个访客带来 2 元的销售额。一般来说，一个直播间的 UV 价值能达到 1 元就算及格，如果能达到 5 元以上，就是比较优秀的。
- **停留时长**：访客在直播间的停留时间，停留时间越长，代表直播内容对用户的吸引度越高，这就是我们常说的"直播间能留住人"。
- **互动率**：包含点赞、评论、分享、关注、送礼、加粉丝灯牌等一系列互动行为，一般来说互动率在 3%~10%是正常的。
- **转化率**：下单人数/访客=转化率，比如一场直播有 100 个访客，其中 5 人下了单，那么该场直播的转化率为 5/100=5%。转化率决定了直播间的 GMV，整场直播的转化率至少要达到 1%才算合格，如果达到 5%就算很优秀了。

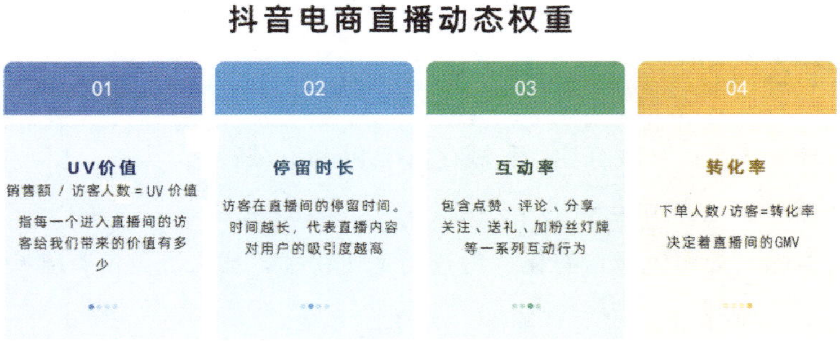

图 5-41 抖音直播动态权重指标

5.3.4 抖音直播流量私域运营

1. 什么是私域运营？

私域流量和公域流量是相对的，和你的账号互动过的人、关注了你账号的人和在直播间买过你推荐的产品的人，这些人既是流量的来源，也是生意的基础。我们把这些人都汇聚在一个可以再次触达他们的流量池内，并通过一些工具和活动有效激活，这就叫作私域运营。

2. 为什么要做私域运营？

互联网红利增速放缓，据艾媒咨询数据显示，2018 年整个短视频用户规模增长率为 107.0%，2020 年该增长率就降低到 15.2%。抖音作为短视频平台巨头之一，其增势自然也随之放缓，其中 DAU（Daily Active User，日活跃用户量）在破 6 亿后增速开始出现下滑。

越来越多的企业、达人和机构涌入抖音，瓜分流量、占据用户的注意力。用户的注意力在哪里，其时间就花在哪里，而时间就是金钱。据《中国网络视听发展研究报告》显示，人均单日观看短视频时长为 110 分钟。无数的抖音创作者们提供着源源不断的内容，有图文视频，也有直播，然而在这有限的 110 分钟内，这些内容光靠公域流量算法推荐，并不一定能触达所有粉丝。市场环境在变，私域运营成为了企业降本增效的必然选择。在抖音私域里，粉丝可以直接产生购买和复购行为，也可以通过互动影响原有的公域和商域。

3. 私域运营怎么做？

私域运营分三步走：私域沉淀、私域存留/活跃和私域转化。

1）私域沉淀

私域沉淀意味着要将流量自有化，考查的是转粉率。那么流量都有哪些呢？我们把流量具体分为以下 3 种。

- 公域流量：短视频、直播、话题。
- 商域流量：AD 广告、千川广告、DOU+等。
- 外域流量：线下门店、其他社交软件等。

在这些流量进入后，用户需要点"关注"（如图 5-42 所示），即成功沉淀为私域粉丝。那么如何让用户在看到短视频和直播后有想关注的冲动就成了重点。

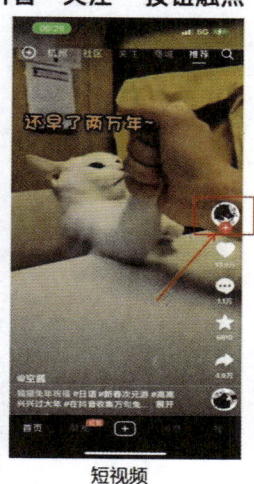

图 5-42　抖音"关注"按钮触点

当用户看直播的时候，用利益点刺激其关注直播是最简单粗暴且有效的方法，常见话术是"新进直播间的家人们记得点击左上角福袋，给准备了×××（利益点），只有点关注的才可以领取，点一点关注，我们马上开奖了"。

当用户看视频的时候，最常见的互动行为是点赞、评论和转发，能够愿意点"关注"或头像进入主页查看的用户，一定是被激起了更深层次的需求，想要探索更多内容。

要想在自己的直播赛道中脱颖而出，最重要的是做到两点：差异化和垂直化。

（1）差异化

在抖音中再细分的类目都有创作者，内容同质化、抄袭、"洗稿"严重等是抖音常被诟病的问题，同样的人设、用过的剧本，都无法长期吸引流量。比如，家里养宠物的有千千万万，如果只是让猫咪在直播中出镜并可爱一下，那么有多少概率能够在竞争激烈的宠物赛道脱颖而出？

我们来看一个差异化的案例——@肥七七（如图 5-43 所示），该账号出镜的是一只萌猫，没有复杂的剧情，每个镜头都只是对着猫拍近景再配上女主人跟猫说话的声音。该账号的差异化之处在于女主人说话的文案内容加入了宫斗剧的台词风格，将猫拟人化且定位为老公的新欢，每次猫咪穿金戴银出镜，女主人就教育它。让用户既在视觉上欣赏了萌宠，又在听觉上仿佛听了一出"宫斗大戏"。

图 5-43　@肥七七的抖音内容

差异化重点就在于猎奇，用新形式去包装内容。这里讲述一个构建差异化内容的方法：首先在九宫格中间写上自己的内容赛道，如"萌宠"，然后在周围的八个空格中填上目标人群对其他内容的浏览喜好（如图 5-44 所示）。喜欢萌宠的人，可能还会喜欢美食、八卦、舞蹈、旅行、搞笑、宫斗、时尚和整蛊。将主题内容与旁边的任一其他喜好混搭，就是很新的呈现方式。如@肥七七就是萌宠+宫斗，其可爱萌宠视频多了几分宫斗剧的味道，十分受欢迎。

美食	八卦	舞蹈
旅行	萌宠	搞笑
宫斗	时尚	整蛊

图 5-44　构建差异化九宫格

（2）垂直度

一个有辨识度的账号，其内容一定是较垂直的，即发布的作品都在同一个领域（如搞笑、穿搭），且越细分，粉丝越精准。比如同样是职场类账号，可以根据职业再细分：电商职场、医疗职场等。垂直化不仅在内容上体现垂直，还需要通过账号包装让用户感受到你的专业与"垂直"。

当用户点击进入账号主页时，是想要看一看这个账号是否值得关注，那么主页装修就必不可少，主页装修包含以下几点。

①头像

头像决定用户对账号的第一印象，头像的使用以账号定位为主。如果是品牌方，则建议用品牌 Logo 做头像；若是以带货为主的电商公司，则可以用主推产品做头像；若是个人 IP，就用个人形象照做头像；不建议用表情包等没有特定意义的图片做头像。具体案例如图 5-45 所示。

图 5-45 账号头像选择案例

②昵称

设计昵称的原则是"好记忆、好理解、好传播"，让用户一看到关联的事物就想到你，无生僻字，用拼音输入法能够方便打出来。有以下 4 种起名方式。

- 行业+艺名（如：设计师阿爽）。
- 艺名+动作（如：坤哥玩花卉）。
- 艺名+地区（如：蜜桃在日本）。
- 个人艺名（如：李子柒）。

③个性签名

个性签名相当于简短的自我介绍，一份清晰完整的个性签名需要包含以下内容，个性签名案例如图 5-46 所示。

- 基础信息（说清楚我是谁）。
- 目的（我要做什么）。
- 强转化信息（引导关注和跳转）。

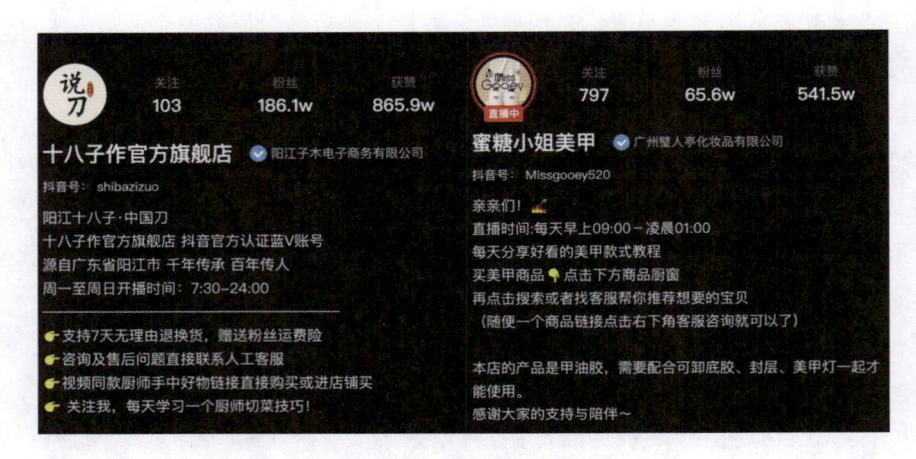

图 5-46　个性签名案例

④背景图

抖音主页背景图也可自定义设置，背景图可以补充说明我们账号的内容，证实我们的个人能力，引导用户关注，背景图案例如图 5-47 所示。

图 5-47　背景图案例

2）私域存留/活跃

我们把流量比作水龙头流入的水，把流失的粉丝比作蓄水池流出的水，要想蓄水池里有足够的水，水流入速度必须大于水流出速度。那么如何让蓄水池里的水（私域粉丝）保持一定的量而不流失，且能持续产生效益呢？

你需要运用一系列手段和工具把流量蓄到一个池子里，并使之保持活跃。

抖音企业号在私域运营能力方面有较强的优势，企业可以在短视频、直播、主页、订阅、私信和群聊等公域和私域场景中，更好地经营用户，通过持续地经营，深化企业与用户的关系，让更多用户从对企业认知、认可到支持企业，从而激发企业产生更多生意，实现品牌、销量等商业价值的持续增长。

当抖音账号认证了企业号后，在账号头像右下方会出现蓝 V 标志及认证信息，可彰显官方的权威性，账号主页也会显示蓝 V 认证信息，如图 5-48 所示。

图 5-48 蓝 V 认证

如何认证抖音企业号？申请步骤如下，申请方式如图 5-49 所示。

- 登录抖音APP→"我"→"三"→"创作者服务中心"。在进入"创作者服务中心"后,点击"全部",在"我的服务"中选择"企业号开通"。
- 进入企业号申请页面,根据页面提示步骤,完成上传营业执照→企业身份验证→付费资质审核即可。

图 5-49　抖音企业号申请方式

抖音企业号如何进行私域留存/活跃？

拼音企业号有四大私域场景可以精准触达用户：企业主页、企业订阅号、企业私信和企业群聊（如图 5-50 所示）。

四大私域场景精准触达用户

企业主页	企业订阅号	企业私信	企业群聊
企业主页即名片,帮助企业树立良好企业形象,建立私域流量沉淀窗口,可实现主页人群聊和展示直播动态,并在主页通过留资、团购、门店等配置引导转化。	粉丝免费一键触达,支持文字/图文/视频形式,通过订阅号内容带优惠券/商品/留资工具/视频/直播等形式免费为企业进行流量引入及生意转化。	企业私信阵地,可以通过私信菜单、自动客户回复、人工客服回复(支持发经营工具),帮助企业完成私域场景极致贴心的服务,提升粉丝信任度及交易转化率。	引导高潜客户人群后,通过精细化运营粉丝,达成长效转化效果。

图 5-50　四大私域场景

算法是平台的，私域是账号自己的。在订阅号和群聊中定期发消息触达粉丝，在私信中做好服务，让"蓄水池里的水"保持与账号的黏性。

3）私域转化

私域流量的转化方式可以归纳为以下三种：留资转化、交易转化和裂变转化。

①留资转化

留资转化是指账号透出联系方式，在用户填写信息后，可选择"在线预约"或"联系我们"等工具。工具的使用可在开通企业号后根据运营需求自行选择。

②交易转化

交易转化是指私域带货转化，如橱窗下单、群内复购等，需要定期运营订阅号和群聊，结合优惠刺激转化。

③裂变转化

裂变转化是指用户通过分享的形式对产品、品牌进行传播，能够建立企业与用户之间的信任，让用户对企业产生忠诚度，因为"口口相传"的转化率相对更高。这就需要我们在选品上把关，确定产品的功能是否符合用户需求，产品的包装和质量是否符合要求，以及售后问题是否及时得到解决等。

5.3.5 品牌直播案例解析

1. 直播账号介绍

- 账号名称：小白心里软。
- 账号粉丝数：50 余万人。
- 粉丝贡献交易额：46 万元。
- 粉丝交易额占比：大于 45%。

小白心里软主营一种有软心馅料的即食面包，用户群体为学生、上班族，这部分人的共同点是复购率高，且较注重社交。该品牌较早入局抖音，有专门的私域运营团队，现阶段运营重点投入在"社群"，目前刚起步建设 11 个群，覆盖 3600 人，对群引流有独到之处。

2. 品牌直播亮点

（1）直播前

- 账号主页装修统一品牌IP，提高品牌辨识度。
- 主页文字信息突出每天直播时间，以"引流蓄水"。
- 精选商品橱窗，统一产品图片风格，提高品牌专业度，突出展示产品特点以吸引用户点击。直播前小白心里软页面如图5-51所示。

图5-51 直播前小白心里软页面图

（2）直播中

直播间导流入群，群等级对照直播间粉丝团等级，匹配群福利，增强用户入群动机。

- 直播间左上角文字提醒用户入群等级及对应的福利，辅助主播口播引导用户入群，进一步提升导流效果。
- 直播间粉丝团等级与群等级打通，以粉丝团等级作为入群门槛，匹配不同的群内福利，促使粉丝为进更高阶群而贡献更多直播观看时长，进行更多直播互动、直播交易等。

(3）直播后

- 私域维稳促活，巧设群开播自动提醒、发文自动提醒，激活群成员并导流至下场直播/短视频，降低群维护成本。
- 设置开播自动分享至群、发文自动分享至群，激活群成员并再次导流至下场直播/短视频。

如图 5-52 所示为小白心里软私域导流。

官方账号　　　　　　直播间导流入群　　　　　私域促活

图 5-52　小白心里软私域导流

我们能够从中学习到，无论是在直播前、直播中还是直播后，该品牌都有明确的策划，将引流变成一个循环过程，每一个环节都包含了"引流蓄水"的动作，如引导用户关注标识牌，在社群内激励好友、介绍拉新等。"清晰的目标+较完善的链路"是做好内容电商的必要条件。

本章习题

1. 名词解释

（1）什么是权重？

（2）什么是"场观"？

（3）什么是直播间的UV价值？

2. 选择题

（1）直播营销具有哪些特性？（　　）

A. 实时性　　　　B. 娱乐性　　　　C. 营销性　　　　D. 互动性

（2）以下哪个属于淘宝直播的动态权重？（　　）

A. 直播标签　　　B. 预告商品　　　C. 直播标题　　　D. 停留时长

（3）以下属于抖音直播流量入口的是（　　）

A. 视频推荐　　　B. 粉丝推荐　　　C. 个人主页　　　D. 商业推荐

3. 填空题

（1）淘宝直播有独立的APP，名称是_____，它是淘宝官方推出短视频+直播购物的平台。

（2）抖音直播电脑端需要用的后台操作软件名称是_____。

（3）若一个直播间单场直播销售额为10 000元，访客5000为人，那么该直播间的UV价值是_____。

4. 问答题

（1）请列举出淘宝直播的动态权重（不少于5个）。

（2）请写出抖音私域运营的基本策略。

第 6 章

店铺直播运营的阶段性目标全览

6.1 以五大数据为核心的运营"拔节"计划

当店铺已经具备基础的直播运营能力,成功度过了直播间的冷启动阶段后,下一阶段的重要任务是以数据为目标,不断优化自己的运营能力,将店铺直播的成效提升到最好。我们称这一阶段为重要的"运营拔节阶段",通过对核心数据的提升,对直播内容进行优化,让店铺的运营能力逐渐提升。

我们将店铺直播的运营能力提升分成五步(如图 6-1 所示),分别是:封面图/标题点击率的提升,停留时长的提升,转粉率的提升,成交转化率的提升以及分享率的提升。纵观店铺直播运营能力提升的五步,每一步都以数据为核心目标,而数据是最直观且最有说服力的店铺"成长证据"之一。

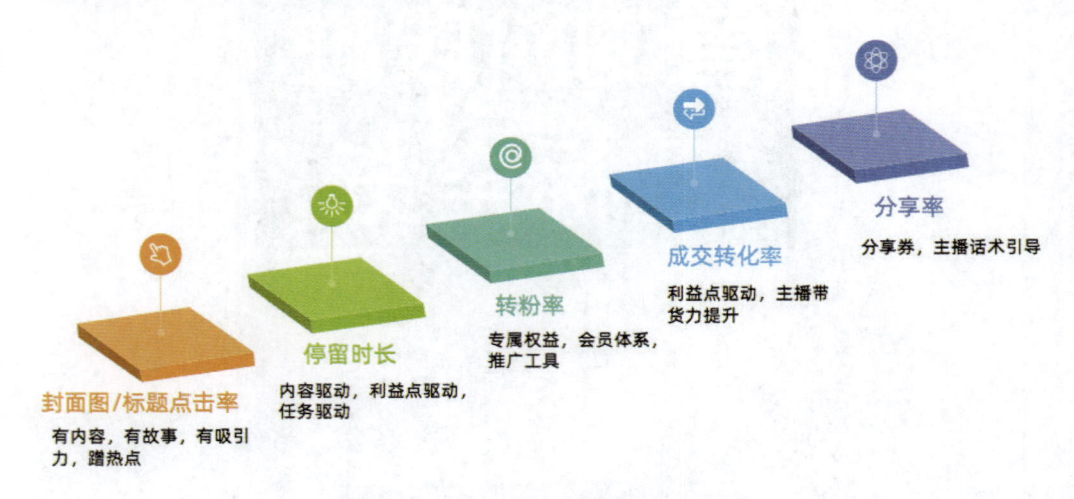

图 6-1 店铺直播的运营能力提升

通过这一章节的优化"拔节",大部分商家可以在 2~3 个月完成较成熟的直播间运营。下面就跟随着数据的脚步,找到提升直播效果的核心,为店铺运营制定相应的目标。

6.2 从点击率做起：封面图/标题的优化

6.2.1 封面图优化

直播封面图（也可称为主图）的重要性不亚于产品的封面图，好图加好文案，方能在提高用户点击率的目标时还有卓越的成交额。

针对商家直播的封面图，淘宝官方给出了基础要求：主题明确、图片美观、人格化，如图 6-2 所示。

主题明确	图片美观	人格化
封面图最好能展现该场直播主题，符合所在频道定位	清晰明亮的实拍图，构图合理，人物举止舒适	可以不是单纯商品拍摄，通过主播试用等体现商品人格特征

图 6-2　封面图要求

淘宝官方将满足以上基础要求且适合大部分商家使用的封面图分成以下几类。

1. 产品封面图

直播封面图使用产品图可让用户最直观触达店铺中销售的主要产品，这是适合所有商家的方案之一。

产品图可以使用直播间产品中最爆款单品的点击量最高的主图（前提是先完成产品主图的测图，找到点击量最高的那一张图片）。一个有高点击量的产品主图是经过市场验证的，在受众不变的情况下，在直播时使用也可以展现类似的点击效果。

产品主图的选择比较简单，只需要从现有的产品图片库中寻找即可，但是依然不能草率和马虎。如图 6-3 所示，商家直接使用品牌 Logo 做直播封面图，但图片本身并不吸引人，没有价值传达，如果用户不看标题，则无法获知该直播间销售的产品，那么用户对产品的认知便会减弱,也就是说该图片削弱了用户进入直播间的诱惑力。

图 6-3　商家使用 Logo 做直播封面图

2. 主播形象封面图

商家在沉淀直播间内容时,需要从运营之初就规划主播的人设定位和主播 IP 孵化,让店铺红人成为常态化,具有个人价值观导向和特定风格的直播会更容易吸粉,也能提升主播的带货能力。

当主播有一定的粉丝基础后,就可以使用主播的头像做直播间的封面图了(如图 6-4 所示)。用户记住了主播,也就等于记住了直播间,日常来看看主播、问候主播,也是"忠实粉丝"的行为之一,即便用户还没有转化为粉丝,也能够加深用户对直播间的印象。

图 6-4　使用主播头像做直播间封面图

使用主播头像做直播间封面图也方便和故事性标题相结合，人物露出和故事性标题相结合能激发出用户好奇心，在不违背直播内容的基础上吸引用户前来观看。

案例：

在运营一家童装店铺的时候，我们针对该童装店铺直播标题和封面图进行了一次优化。为什么有些达人主播带货童装的效果很好？经过调研发现，主播以宝妈身份通过孩子的故事与用户互动的效果很好，更能让用户和主播之间产生强烈的共鸣。虽然该童装店铺是天猫品牌商家，但我们依然可以用这样的方式来尝试与用户沟通，所以我们将直播间标题从更有品牌调性的文案"全场秒杀，衣服抽奖送"，切换为有故事性的标题"双胞胎童模的穿搭技巧"，直播封面图换成了主播与双胞胎童模合影的图片（如图 6-5 所示）。

图 6-5　童装店铺直播封面与标题改动前后

在图 6-5 中，左图中的直播封面图是标准的产品形象图，右图中的直播封面图则是主播与童模的可爱合影，标题中的"双胞胎童模"本身就更具有故事性和话题性，可爱萌趣的宝贝会天然吸引宝妈用户的点击。但是在直播时主播可以不让孩子入镜，只要介绍双胞胎童模的穿搭技巧，讲述的内容与"搭配技巧"强相关，就不算违规内容呈现，这样的直播封面图和标题足以将我们所要阐述的主旨烘托而出。经过了这样的调整后（如图 6-6 所示），直播封面图点击率从 2.79% 变成了 7.13%，从点击率上可以看到，用户更能够接受调整后的直播封面图和标题。

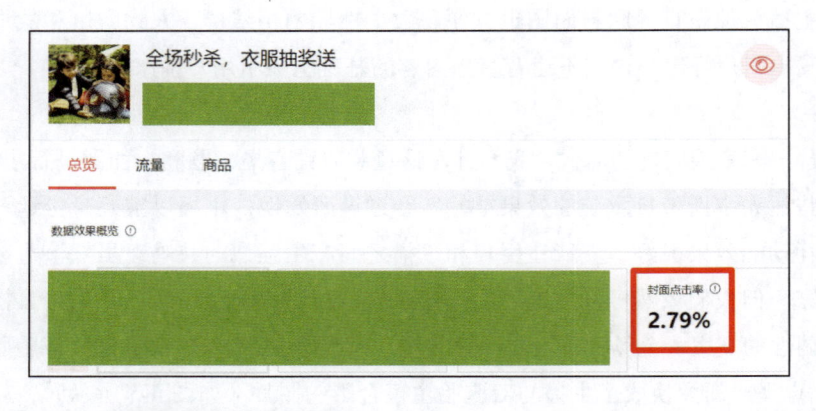

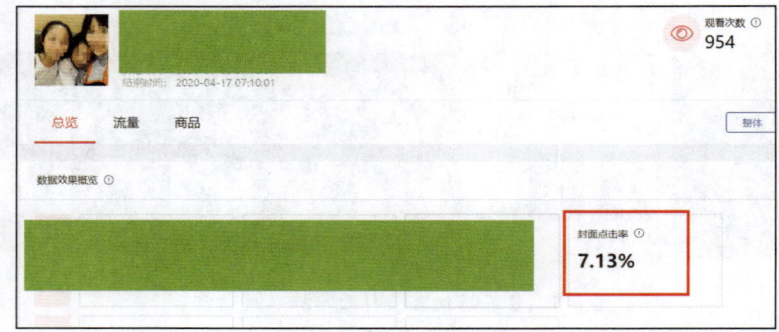

图 6-6　童装店铺封直播面与标题优化前后点击率

6.2.2　标题优化

　　一篇文章有一个具有诱惑力的标题，用户会更愿意点击阅读。直播间也一样，而且不仅需要有诱惑力的标题，还需要有一张优秀的封面图片，双管齐下，效果更佳。"问渠哪得清如许，为有源头活水来"，直播间必须要具备有诱惑力的封面和标题才能有源源不断的公域流量，从而吸引用户更加有兴趣点进来看。

　　优化封面图和标题是提升直播成效的第一阶段的内容，这一阶段的策略本质就是"诱惑"。

　　如何优化标题文案？

　　下面让我们来看一看以下两个标题文案。

A. 直播间有好物，点击抢购。

B. 年中福利清仓，99 元买潮酷套装。

相信在这两个标题里，大部分用户都会选择点击第二个标题。第一条标题给人以"目标模糊"的感觉，"有好物"是有什么"好物"？用户怎么知道这就是其想要的"好物"？"点击抢购"听起来是行为驱动的，但是没有给用户足够的驱动理由，容易让用户感到不知所云，从而放弃点击进直播间。

第二个标题中的"清仓"两个字能够直观唤醒用户关注，因为在用户的印象中，"清仓"等于"便宜"。而后一句"99 元"则是以数字来唤醒用户的敏感度，有数字的呈现更能够吸引人，就如同那句经典的广告词"充电 5 分钟，通话 2 小时"一样吸引用户。最后再来补"临门一脚"，"99 元"不仅便宜，还能够让用户买到"潮酷套装"，产品对标精确，用户可直观感受到较高性价比，不如就点击进入直播去看一看有多"潮酷"吧，于是点击率就这样提升了。

过去我们看过不少直播间标题的案例，一个好的标题仿佛让直播间亮起了"霓虹灯"，即便是用户不购买，也愿意点击进来看一看。只要直播间点击率提升，潜在用户的截留率就会提升。在调研之后，我们将优质的直播间标题分成以下几类。

1. 利益点驱动型标题

利益点驱动型是最基础、最直观的标题类型，在直播间完成活动策划后，商家可以根据直播中最有吸引力的一个利益点当作直播标题，比如："睡衣专场 19 元起""每日坚果 1 元秒，手慢无！""新粉下单送面膜"等。

在直播时，店铺需要如标题所说，真实给予用户相应的福利，不弄虚作假。比如针对上述标题中提到的"每日坚果 1 元秒"利益点，商家可以选择几个销售核心时间点，定时、定量对产品进行秒杀福利，既能够激发用户参与积极性，也可以让用户产生回流，在下一个秒杀时段回流进直播间抢购，提升直播间热度。

"秒杀""买赠""降价""大额券"等具有明确利益点的标题都能够成为直播间利益点驱动型标题，标题中的数字会更醒目，用户对利益点的敏感符合消费的"求廉心理"，当越来越多的产品福利在直播过程中专属发放时，用户感知会更强，参与度会更高。

2. "蹭热点"标题

作为直播内容的运营者，要对当下发生的时事和新闻有较高敏感度，能够从正在发生的新闻大事件或流行元素中寻找可以成为"蹭热点"标题的内容。虽然标题具有时效性，但是可以协助商家在短时间内获得较高的点击率。

案例：

以年节为标题："情人节送好礼，女朋友超喜欢"。

以季节变化为标题："夏季入伏，防晒好物推荐"。

在 2020 年新冠疫情期间，不少商家推出了自己的抗菌产品，如某商家使用"10 款抗菌床品打折啦""援驰武汉，全场半价起"为标题。如果将产品与社会话题建立关联，则会让标题点击率有一定提升。

建议直播运营人员多看新闻，多捕捉有趣、热门的话题，并将它们灵活揉进直播间的标题。某销售仿真花店铺的直播间，在"草原最美的花，火红的萨日朗"歌曲流行之时，将自己直播间的标题换为"草原最美的花，不如半价买花花"，用户将标题读一遍，音乐已经出现在自己的脑海，生动有趣，用户会更有点击欲，想点进去看一看到底有哪些"最美的花"。

3. 故事型标题

美国有一家媒体，在报纸上举行了一个"一句话故事"大赛，其中不乏有让人惊喜的"一句话故事"。比如，科幻故事："最后一个地球人，他的房门外响起了紧促的敲门声"；爱情故事："恶龙对王子说，把公主带走吧，好好照顾她"。"一句话故事"激发了人们的想象力，让人意犹未尽，忍不住询问"然后呢？后面的故事呢？"。

越来越多的商家喜欢用故事型标题，将故事结合产品或者本场直播的内容，让标题本身变成了一个"一句话故事"，让我们来看一看以下几个标题。

案例：

- 粗粮产品的店铺直播间标题："瘦身 20 斤后我当了模特"。
- 童装的店铺直播间标题："艰难创业宝妈，清仓抛货"。
- 美妆产品的店铺直播间标题："剧组化妆师的小秘密"。

此类标题具备部分故事情节性，仿佛是一个剧情预告，吸引用户来听一听主播此刻正在讲述怎样的故事，以"内容预告"的形式吸引用户。

商家可以使用此类具有故事情节的内容吸引用户，但标题需要尽可能贴近直播内容，与直播产品建立关联才能完成带货目标。如果使用过度夸张的内容或者违规内容刻意吸引用户，就会带来适得其反的效果。总之，一切标题都需要建立在淘宝直播的规则之下，过度标新立异也会带来内容呈现上的偏差。

4. 击中用户痛点的标题

不要忘记我们的目的是提升标题点击率，从而完成提升转化率的目标，还有什么比直击用户痛点更加有效的标题呢？如果一个标题给用户以"说中了心事""击中了刚需"这种感觉，那么这样的标题点击率会远胜于普通标题点击率。

案例：
- 空调毯店铺的直播间标题："办公室好冷，空调毯来了！"。
- 代餐产品的直播间标题："美味又低卡，好吃不长肉！"。
- 假发产品的直播间标题："脱发美女的救星来了！"。

此类标题更注重产品功效性与用户使用场景的结合，符合用户购买的心理。这类标题更容易在公域中脱颖而出，因为千人千面的推广工具，会将直播间推到用户的面前，击中痛点的文案能迅速捕获潜在消费群体的关注，带来更精准的用户与更高的转化率。

6.3 解决停留时长：用户时间争夺战

在直播间的动态权重中，用户"停留时长"是非常重要的一项要素。用户停留时长可衡量直播内容是否能吸引用户驻足，用户停留时长越长，对直播间在公域中的曝光越有利。

直播内容必须依靠店铺运营人员进行创作，利用店铺产品的利益点来吸引用户，可以让你的店铺在同类店铺中获得领先地位。下面介绍几种可以提升用户观看直播时长的办法，供大家尝试使用。

6.3.1 用利益点驱动

1. 用优惠券提升用户停留时长

在直播间，有两种优惠券与用户停留时长有直接关联。一是观看时长优惠券，用户通过观看的时间，来获得优惠券，比如观看 10 分钟，获得 10 元无门槛优惠券；二是点赞券，用户可以通过完成点赞的数量，来获取优惠券，比如点赞 1888 次，获得 20 元无门槛优惠券，商家可以自主调整点赞券的获取门槛，用来逐步拉长用户的停留时长。

在这两个优惠券中，我们更推荐商家选择使用点赞券。点赞券不仅能拉长用户观看时长，还能促进用户与直播间的互动，两全其美。

直播间只要有点赞，就可以在直播间右下角看到小图标气泡不停冒出（如图 6-7 所示），对直播间氛围的烘托也有一定的好处，用户可直观感受直播间热闹的氛围。

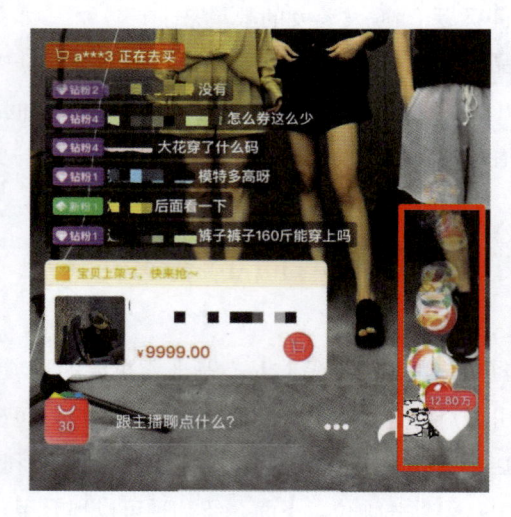

图 6-7　直播间点赞小图标气泡

关于获取点赞券的门槛，商家需要根据用户的需求进行计算和权衡。若用户点赞很多才能获得优惠券，则会让用户失去互动欲望；若用户点赞很少就能获得优惠券，则又会减弱拉长用户观看直播时长的效果。

点赞的门槛设置多少才合适呢？这里有一个小诀窍：商家需要先了解目前自己直播间的直播时长"瓶颈"在哪里，可通过过往的直播成效进行分析。在直播的控台的数据效果概览里查找数据，先计算出过去一周的用户观看直播平均时长，初步了解用户的观看情况，在此基础上做提升。

根据数据测算，用户平均 1 秒钟可以点赞 2 次，所以用户在平均观看时长内，可以点赞的次数=平均观看时长（秒）×2（次）。

点赞优惠券的获取门槛可以根据商家本场直播的需求设定。一般来说，关注优惠券的获取门槛最低，普遍以无门槛发放关注优惠券为主，以吸引用户关注店铺。点赞优惠券则可以适当提升获取门槛，定为第二梯度的优惠券。

2. 以点赞、满额抽奖形式带动用户观看直播

为了促进用户点赞，商家也可以通过满额抽奖的形式来代替普适性优惠券，将福利集中提供给小部分用户。福利高、驱动力强，也可以带动用户观看直播，提升用户停留时长。

满足点赞次数即可抽免单或者抽大额券的形式，能够激发用户的参与感。已下单的用户在评论区输入口令后截图即可抽取奖项的形式，也能够提升直播间的转化率，可以吸引用户在截屏抽奖中"试试手气"。

满足点赞次数的抽奖形式要注意"冷却期"，如果商家约定够 5 万点赞数才抽取一次免单，那么中间的冷却期较长，用户也会感觉中奖无望，就会造成用户的大范围跳失，使得直播观看效果迅速变差。

这里需要注意，在直播间设置福利机制是必须的，但是如果福利设置太大或无互动门槛，也会吸引来一部分"薅羊毛用户"（即只为了抽奖而来且无购买意向的用户）。所以商家可以适当考虑成本，将福利给到已经下单的用户，既能够保证直播效果，又能合理规避成本风险。

直播间的福利是能够给用户以观看刺激的，但是商家的利益点机制的建立也需要有门槛设定，目的是达到效果预期，而不是为发奖品而发奖品。点赞只是与用户的一种互动行为，要让用户感知到福利获取并非唾手可得、也并非人人有份，同时，直播间的控价也要建立在稳定的规则之下，直播时的产品价格应略低于店铺中的产品价格且有明确的梯度分布。

如果用户在短时间内发现直播间的产品价格和利益点有太大的起伏，那么用户会非常反感甚至会投诉。我们的目的是为用户带来价值，而不是创造不舒适的购物体验。

6.3.2 用优质内容吸引用户

"直播形式千千万，好看才能玩得转"，何为"好看"？就是直播的内容丰富有趣，让用户主动停留下来，继续观看，这比使用利益点驱动用户停留更难，但却更加有效。

随着电商直播的发展，越来越多的商家意识到，在直播间里不断强化产品的销售属性已经无法满足用户的需求了。我们可以把直播理解成一档大型的电视节目，电视节目每天都是滚动的、不断更新的。

什么样的内容才能吸引用户停留？用户爱看的内容。

想要与竞品直播间拉开差距，只能通过内容的丰富程度去打"侧翼战"。比如在一家美妆店铺里，主播曾是一名 Coser（通过妆容和服装，扮演成动漫、电影等影视作品中各种角色的专业演员），她在直播间里用店铺的美妆产品，演示明星仿妆或动漫人物妆容，吸引了一部分"95 后"群体的关注，虽然店铺的粉丝数量不多，但是每场直播观看人数可达 300 人之多。这就是用内容来吸引用户的典型案例。

在以产品为优势的淘宝直播里，内容依然是不可缺失的重要部分。用户在做消费选择时，除了关注产品的好坏，还关注直播间为自己提供了怎样的价值。所以即便用户不购买产品，直播间又是否能提供有趣的内容或知识点？

直播间的优质内容或可奠定店铺的品牌基因和用户的长久黏性，所以商家不要草率地将店铺直播理解成"促销大卖场"，可将其理解为一档好看的电视节目。

优质直播内容对店铺的影响是深远的，也是成就商家"播品牌"的重要组成部分，它能够随着用户一起成长和更迭，当优质直播内容有了一定的粉丝基础，便可以在此基础上不断延伸，直到用户将店铺的直播作为一个独立的"小综艺"看待，品牌的势能就会被大大激发，成为用户心中美好的"红玫瑰"。

6.4 解决转粉率：新老粉丝攻坚战

6.4.1 新粉专属权益

如果一个新粉初次来到直播间，就被直播内容和产品所吸引，然后关注店铺并完成在此直播间下的第一单，这样的成效是不是让很多商家兴奋？

直播间的价值体现在三个方面，第一个方面是产品销售带来的转化价值；第二个方面是直播间内容呈现带来的品牌价值；第三个方面则是粉丝价值。

曾有卖家衡量过淘宝的粉丝价值，目前淘宝上的每个粉丝价值约为 20 元，一个普通的商家可能需要花费 20 元以上的拉新成本，才能完成对一个粉丝的积累。

粉丝是一家店铺的"重资产"，店铺看看自己有多少粉丝，再乘以 20 元的拉新成本，是不是对自己的店铺更有信心了呢？

要想吸引新粉丝的关注，可以采用以下几种方式。

- 发放关注优惠券

店铺要想拥有转粉力，就要给予新粉一定的权益，最基础的拉新方式就是发放关注优惠券（简称为关注券）。关注券已经是直播间的标配了，每一个店铺都要设置。关注券的力度可以根据商家的成本进行设置，一般以无门槛发放关注券为主，刺激用户完成首次下单。

- 给予产品权益

当一个利益点成为标配，其也就不再具有独特的号召力，但只发放优惠券的优惠力度是不够的，还可以将新粉的权益下沉到产品上。

商家可以在直播间设置一个专供新粉购买的基础产品，该基础产品可以是直播间的爆款，也可以是成本较低的"尝鲜装"或"小样"，比如美妆店铺常见的"试用装"，仅供关注的新粉丝以低价甚至免单形式拍下，既能促进转粉也可以提升转化率。

- 提供服务权益

一个店铺里，针对粉丝的服务要优于针对普通用户的服务。商家提供的服务权益也能够实现拉新目标，比如商家可在直播间的贴片或者公告里强调，关注直播间的粉丝可享受优先发货的权益。

部分商家的产品存在一定的服务周期，比如家用电器类产品、美妆护肤类产品等，可以强调此类产品售后周期，延长服务链路，从而达到吸粉的目的。

案例：

在一家销售染发产品的店铺中，主播告知用户：只要是店铺的粉丝，就可以享受染发技术指导，并加赠染后护理产品。

用户自行染发是存在一定操作风险的，需要专业人员的技术指导，店铺这样的服务解决了用户在使用产品的过程中可能产生的痛点需求，延长了服务链路，激发了用户对服务协助的需求，从而促使用户完成对店铺的关注动作。

6.4.2 会员体系管理

从店铺粉丝运营的机制上来说，用户关注店铺可以成为店铺的初级粉丝，而真正具有高互动性、高黏性的粉丝则沉淀在店铺的会员体系里。

在店铺每一次上新产品时，会员都会收到上新提示。在会员专区，用户可以得到店铺更大的优惠。

目前商家会把大额优惠券发放在会员体系中，用来带动高级会员的沉淀和转化。为了提高私域的展现力度，商家可以在店铺主页中露出会员引导信息，如图6-8所示。

图6-8　店铺的主页会员引导信息

目前只要店铺设置了会员体系的相关内容和会员入会的专享优惠券，就会在直播间的右上方出现引导用户关注会员体系的信息，如图 6-9 所示，这一信息对直播间的粉丝转化有帮助。

在直播的过程中，"吸粉"离不开主播的话术引导。我们在培训店铺主播时不断强调，主播需要将引导用户关注店铺的内容当作习惯用语，每隔几分钟就要提示用户关注店铺，并强调利益点以提升用户关注店铺的驱动力。

店铺直播间的转粉工作是一项长期工作，商家也可以通过短视频和微淘等内容，提升店铺转粉的效果，在所有内容渠道里传播"粉丝权益更高"的核心价值，让用户建立对店铺长久的忠诚度。

图 6-9　直播间右上方出现会员体系信息

6.4.3　直播间付费推广

2019 年算是店铺直播的元年，2020 年是店铺直播快速崛起的一年，2021 年是店铺直播常量的一年。当店铺直播成为了店铺运营的标配时，意味着直播市场成熟。在有限的流量池子里，竞争者越来越多，意味着竞争越来越大，流量获取难度越来越大，免费流量越来越少，直播间推广就成了必然。

为直播间拉新是一项重点工作，同时付费推广直播间的工作也不可或缺，该工作甚至承担了更为重要的"前锋"角色。通过推广工具对直播间进行推广，吸引用户进入直播间，再通过直播内容将用户截留，这是转粉工作的组合拳。

目前淘宝直播已有多种推广工具供店铺选择，钻展、直通车、超级推荐等大部分商家耳熟能详的推广工具，都能够让直播间触达新用户，推广工具详细信息如表6-1所示。

表6-1 淘宝直播中的推广工具详细信息

广告类型	推广工具名称	推广位置	展示内容	投流方案	投流时间
展示广告	钻展	手淘APP-手淘首页焦点图	直播模板、微动效	定向人群，投放灵活	直播前/直播中
搜索广告	品牌专区	手淘搜索结果页-顶部"官方"字样Banner	直播模板、微动效、视频	搜索场景，品牌专属	直播前/直播中/直播后
	直通车	手淘搜索结果页-"HOT"字样宝贝	直播模板	搜索场景，投放灵活	直播中/直播后
信息流广告	超级推荐	手淘首页猜你喜欢第十坑	直播模板	定向人群，投放灵活	直播中
		手淘购后链路-购物车、付款成功页	直播模板	定向人群，投放灵活	直播中
		微淘热门推荐-首坑	直播模板	定向人群，投放灵活	直播中
		淘宝直播广场-精选频道-首坑	直播模板	定向人群，投放灵活	直播中
	品牌特秀	猜你喜欢首坑、第七坑	微动态、视频、淘积木互动页	定向人群，保价保量，分时投放	直播前/直播中
生态广告	超级风暴	阿里二环八大APP开屏广告	静态、视频	定向人群，保价保量	直播前
	超级通告	优酷贴片、暂停	静态、视频	分时投放，点击结算	直播中

6.5 高效成交：多方位提升转化率

用户在购物的过程中，驱动其下单的因素是多元的。用户可能被主播的话术吸引，可能被店铺的营销方式吸引，可能被刚需驱动，也可能会冲动下单。针对转化率的提升，我们可以从以下几个方向寻找契机，如图 6-10 所示。

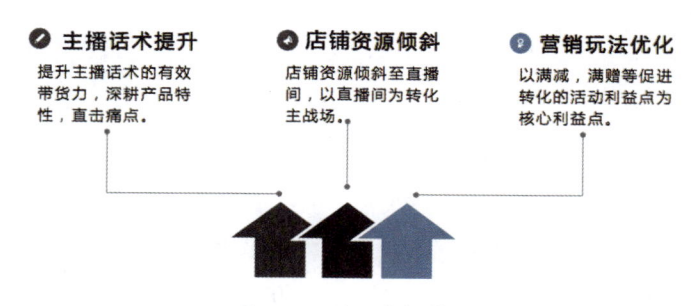

主播话术提升
提升主播话术的有效带货力，深耕产品特性，直击痛点。

店铺资源倾斜
店铺资源倾斜至直播间，以直播间为转化主战场。

营销玩法优化
以满减、满赠等促进转化的活动利益点为核心利益点。

图 6-10 转化率提升方向

6.5.1 主播话术提升

如果店铺的转化率不佳，则应考察主播的话术是否合格。主播的话术并不一定需要达到达人主播那样具备极度专业的带货能力，只要能够在直播时完美回答用户的大部分问题，就是合格的。主播话术可能会存在以下两个失误。

第一个是回复不及时。直播中的主播要专注，持续关注用户评论，不可在直播状态中因评论不多而分心，导致没有及时回答用户的评论。直播间出现的评论比现实中用户的输入时间略有 8~15 秒的延迟，当主播看到评论时，用户已经等待了数秒钟，所以需要及时给到用户反馈，不可以让用户等待的时间过长。

第二个是回复问题不全。主播需要针对用户的问题做到尽可能有问必答，除非是售后问题或者必须通过文字或图片展示的问题，才可以引导用户移步咨询客服，其余的大部分问题都要主播主动回答，比如店铺发什么快递、产品的产地是哪里等。

有些主播在培训不过关的情况下，只能够草率地回复用户：这样的问题你可以去问一下客服。表面上看，主播为用户指引了正确的信息渠道，实际上用户只要弹出直播间，就有可能跳失，毕竟用户询问客服还需要再经历一次沟通和等待，但用户的耐心是有限的。

主播遇到自己不知情的问题，应第一时间主动联系店铺工作人员，掌握并记住重要信息，且在下播后强化培训，避免类似情况的发生。

这是主播的一项重要技能：对一切售前信息都了如指掌，且知无不言。

6.5.2 店铺资源倾斜

在店铺运营的过程中，商家一方面想完成市场体量的需求，另一方面又想完成利润的需求。从某一个角度来说，这两个需求会有一定的冲突，但是如果一个店铺将直播运营和店铺运营都做得尽善尽美，那么这两个需求都是可以实现的。

当一个直播间的销售额已经占据了店铺销售额的半壁江山，商家就可以把这家店铺的直播间认定为店铺的"奥特莱斯"，以高性价比、高优惠力度吸引用户。店铺中的产品标价比直播间的产品标价略高，且产品利润较高，则店铺是做利润和客单价的主阵地。直播间的店铺分工不同，需要针对各自的定位进行不同层级的用户的切分。

所以在店铺的产品管理体系中，需要对直播给予一定的资源倾斜，这个资源主要指的是上新机制倾斜和产品价格倾斜。

- 上新机制倾斜

基于用户对新品的需求，直播间是用来测试新品最好的阵地。

在直播间实现新品的首波冷启动，对店铺新品的推广有着重要的帮助。在直播间商家可以知道什么样的产品更能够获得用户的关注，可通过用户加购和点击数据初步权衡下单量，规避因对下单量判断不准确带来的库存风险。

在服装类店铺中，最常使用的预售机制也能够为供应链端的稳定带来帮助。在店铺产品定价之前，先将所有的新品拿到直播间来展示。通过用户的反馈和各项产品表现数据来确定新品的最终售价和下单量，如果产品有一定的预售期，那么也可以通过在直播间首发预售，来实现产品的"快反机制"。

目前中国的供应链领域受直播和"网红经济"的影响有了很大的进步。部分类目，比如服装和家居等，在产品翻单的周期上，或可提升50%的翻单效率。

为直播间用户量身定制的产品体系也逐渐浮出水面，商家通过直播间与新客和老客进行互动，能更加了解用户对市场爆款的需求，反向定制更加适合直播间用户的产品。

相比用户在店铺的静默下单，在直播间销售场景中，主播和运营能够更深层次触达用户真实的需求，实现与用户的平行沟通和互动的营销场景。

这就如一家服装店，用户需要什么产品，店主才去进什么样的产品，最大可能保证产品就是用户真正的心头好。

在直播间进行新品推广可以实现"小步快跑"的营销策略，产品更迭快、新品测试准，销售效果好。商家可以在之后的直播运营中，先让新品来直播间打一轮"擂台"，就可以看出该新品是否具有市场爆款的潜力。

- 产品价格倾斜

不得不说，产品控价有时会让商家感到头痛。商家不仅要面对多个营销活动的产品控价，还要满足不同层级的达人推广的利益点需求。

如果有店铺直播间的存在，无形中就为店铺增加了一个纬度的控价体系，直播间的产品品供价或有可能是全渠道最低的，商家要对成本和毛利做好实时把控。

针对店铺产品，商家一般有 3~4 个不同维度的定价，可满足不同营销阶段的价格需求。根据店铺定价，商家可横向对比出直播间定价。我们建议各位商家，为了实现直播间推广效果和用户吸粉转化的目标，直播间的产品售价应略低于店铺的产品售价。

如上文所说，店铺可以成为商家做利润的阵地，直播间则可以成为商家做转化和提升受众广度的阵地。二者需要做到权衡与相互匹配，所以将资源倾斜是有必要的。

在直播间的销售过程中，商家不仅在卖货，还在卖自己的品牌价值。用户购买产品的过程中也有付出，即付出"时间成本"。品牌与粉丝的沉淀会给商家带来隐形的收益，将直播间的产品小额降价，这种行为实际上是购买用户的"时间成本"和"隐形价值"。

当店铺的粉丝数和会员体系的用户数逐渐成为权衡一家店铺软实力的标杆的时候，利用直播间形成品牌效应和粉丝经济，就是商家的重点工作之一。

6.5.3 营销玩法优化

在第 6.5.2 节中我们提到店铺资源倾斜，其实纵观淘宝直播近两年的发展，会发现平台对直播渠道的资源倾斜和政策扶持也在逐步优化。

2020 年，淘宝直播的各项营销玩法都有了跨越式的发展，官方越发能够站在商家角度主动完善机制，协助商家去完成更多玩法。

2021 年一部分商家开始尝试使用连麦玩法，即与用户人群画像类似的商家进行连麦，在连麦过程中，商家既能收获新粉，也能完成一定的转化效果。过去商家必须要自主联系连麦目标，比如在商家群中，自发地进行自我推介，选择合适的连麦对象。现在这一机制逐渐被优化，官方平台能够为商家匹配对标的连麦目标，连麦方只要发出申请，且对方接受，就能完成一次成功连麦。这一机制的优化是基于算法的逐步提升，店铺用户人群标签越精准，系统匹配就会越精准，实现两个商家的双赢。商家也会节省更多的时间和精力，不再为联系资源而苦恼。

在红火的打榜玩法中，过去以总榜论输赢，全天的榜单相对较稳定，头部基本被大商家占据，腰部及以下商家没有在公域露出的机会。在 2020 年淘宝直播进行了调整，除了全天的总榜单，还出现了小时榜单。小时榜单则更有利于腰部及以下商家在某一重点时间段冲上榜单前列，获取更多的公域展现资源（如图 6-11 所示）。腰部及以下商家可以集中资源，将大力度的营销玩法匹配进重点时间段，高强度拉动转化，在小时榜上就可以占据一席之地，吸引大流量。

图 6-11　腰部及以下商家进入小时榜单

除了官方提供的营销玩法之外，商家可自主操作的营销玩法更加丰富。比如，通过内容呈现提升直播的可看性；通过秒杀玩法提升直播转化率；通过清仓玩法减少库存压力等。总体来说，电商直播更像是一个场景化的平台，而在这个平台中，商家愿意扮演什么样的角色及给用户提供怎样的价值，都是商家可自主调控的。对比店铺稳定且成熟的营销玩法，淘宝直播的玩法将在创意之中释放更多可能。

6.6　分享率：让裂变带来新生机

"进来先分享一下直播间，等一下我们来抽奖。"在达人主播的直播间里，这句话是开场白的标配，每一次开播都让用户将直播间分享出去，是达人主播的任务之一。商家也不例外，分享至私域后的直播能带动更多站外引流的拉新，这些用户的成交势能也不容小觑。

要想让用户完成对直播间的分享，首先是直播内容本身不枯燥、生动有趣、利益点多、福利多，让用户找到转发的价值。其次是巧用裂变优惠券。

裂变优惠券是商家发放的大额优惠券，以吸引用户将直播间分享给他人。商家通过淘宝直播中控台，找到裂变优惠券设置入口，点击进入后就可以设置，如图 6-12 所示。

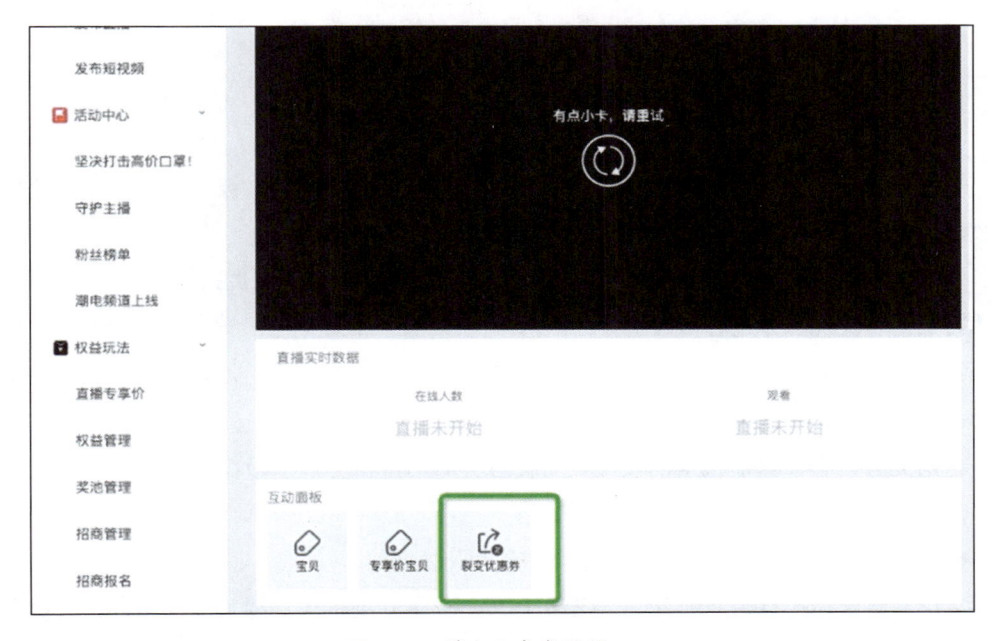

图 6-12　裂变优惠券设置入口

在商家配置好直播间裂变优惠券后，可在直播间右上角出现裂变标识，引导用户点击并转发，如图 6-13 所示。

图 6-13　直播间的裂变优惠券

裂变优惠券是拉新利器，不仅分享人可以获得大额优惠父券，被分享人也可以获得一定数额的优惠子券，使得用户成为店铺新客的可能性较高。

裂变优惠券使用场景围绕直播间，拉回的所有用户也会回流至直播间，在直播过程中，主播需要对裂变优惠券进行口播引导。话术举例："看一下屏幕右上角的券，今天的大额券超级给力，满 500 元减 100 元哦，只要分享给 3 个好友就能领取，还可以跟红包、津贴、品类券叠加使用，赶快用起来！"

特别提醒一下：目前直播间使用裂变优惠券后的价格不计入最低价，商家可以无须担忧影响控价问题。

裂变优惠券的玩法也可以非常灵活，来看以下案例。

某饰品旗舰店在直播间配置好一张满 101 元减 100 元的无门槛裂变优惠券，只要用户拉新 5 人就可以获取，被分享人点击进入直播间后也可以获得一张 20 元无门槛的优惠券。

店铺产品的均价在 69~99 元，平均客单价在 150 元左右，用户通过分享优惠券，花 50 元左右就能购买到心仪的产品，同时可为店铺带动 5 个新用户进入直播间，新客领取到的是无门槛优惠券，带货力更强，新客转化率较高。

本章习题

1. 单选题

（1）以下哪一项不能称之为优秀的直播间标题类型？（　　）

A. 利益点驱动型标题　　　　　　　　B. 虚假福利引诱型标题

C. "蹭热点"型标题　　　　　　　　　D. 故事型标题

（2）以下哪句话术可以真正帮助直播间提升销售转化率？（　　）

A. "你问的这个尺码我不太清楚，你可以咨询一下店铺客服。"

B. "我们这个产品是预售的，大概 5~15 天发货，还不能确定具体发货时间。"

C. "这款我们剩下的库存不多了，今天拍下今天就能发货，而且还有价格优惠！"

D. "我们是随机快递，不确定用的是哪个快递公司，你找客服吧。"

2. 多选题

（1）以下哪些是直播间运营"拔节"计划中提到的重要数据？（　　）

A. 封面/标题点击率　　　　　　　　　B. 停留时长

C. 转粉率　　　　　　　　　　　　　D. 成交转化率

E. 分享率

（2）以下哪些可以用来做直播间封面图？（　　）

A. 爆款产品挂拍图　　　　　　　　　B. 主播直播截图

C. 热门产品静物图　　　　　　　　　D. 明星艺人头像图

（3）以下哪种方式可以吸引新粉丝的关注？（　　）

A. 老客复购优惠券　　　　　　　　　B. 新粉丝优惠券

C. 针对新会员的赠品　　　　　　　　D. 粉丝专享优先发货权益

3. 填空题

在直播间的销售过程中，商家不仅在卖货，还在卖自己的（　　）。用户购买产品的过程中也有付出，即付出（   ）。品牌与粉丝的沉淀会给商家带来隐形的收益，将直播间的产品（   ），这种行为实际上是购买用户的（   ）和（   ）。

4. 问答题

（1）简述在一场直播中，如何合理使用利益点引流用户购买下单并提升转化率？

（2）假设你是一个直播间负责人，发现最近直播间新粉丝数量下降，你应该如何增加新粉丝的观看量和提升转化率？

第 7 章

学会达人直播

达人直播是直播电商的一个重要板块，也是被众多品牌商家追捧的一种直播运营形式。所谓达人，是指在直播平台上拥有较多粉丝群体和较大影响力的个人或账号。达人直播，则是指达人通过直播进行商品推介与销售的一种活动形式。直播达人（即达人主播）往往具有粉丝基数大、直播影响力强、直播数据稳定、品牌曝光优势明显等特点，可以帮助品牌商家实现"品销合一"的效果。各电商平台都有数量众多的直播达人，如淘宝直播的李佳琦、蜜蜂惊喜社、香菇来了、吉杰、林依轮等，抖音平台的东方甄选、交个朋友、董先生、疯狂小杨哥、郝邵文等，快手平台的辛有志、蛋蛋、时大漂亮、瑜大公子等，他们都拥有众多粉丝和强大的带货能力，堪称直播达人的优秀代表。

也正因为直播达人具有上述特点，所以其往往存在合作门槛较高、费用投入较大、合作风险较高等特点，可谓利弊并举。那么，作为品牌商家，如何充分利用达人优势，实现更好的直播销售效果？如何有效甄别达人价值，并与达人主播进行更高效的直播合作？在与达人主播合作过程中，又有哪些注意事项？本章将对此展开具体阐述。

7.1 达人主播的主要类别

达人主播的类别有很多，主要有以下几种常见分类：按达人属性来分，有明星主播、网红主播；按粉丝量级和影响力来分，有头部主播、腰部主播、腿部主播和素人主播；按所在领域来分，有垂直类主播和综合类主播。

7.1.1 按达人属性分类

从达人属性来看，主播一般分为明星主播和网红主播。明星主播和网红主播虽然都是达人主播，但是在直播领域有着很多不同点。

（1）明星主播

明星主播，泛指从事直播带货业务的主播为已经有一定知名度的演艺界人士。明星主播在成为主播前身份各异，有的是影视明星，有的是歌星，有的是笑星，有的是主持人，还有编导、真人秀选手等。由于明星主播长期活跃在演艺界，他们往往具有形象佳、语言表达能力强、节奏感好和控场能力强等特点，因此具备主播的天然优势。

因为明星主播具备上述特点，所以他们在各电商平台和直播平台上大放异彩，成为达人主播的重要组成部分。越来越多的演艺明星开始入场电商直播，并取得了不俗战绩。

明星主播又有专职主播和兼职主播之分。定期、高频、持续进行直播销售的主播，我们称之为专职主播；以演艺事业或其他工作为主，但会不定期、低频进行直播业务的主播，我们称之为兼职主播。

明星主播都有一定的粉丝基础和信任优势，可自带流量和转化，具有较好的品牌曝光效应，因此明星主播起点更高。与此同时，明星主播每次都需要在直播间讲解少则数十个、多则上百个产品，难以对每个单品都实现更具专业度的讲解，也难以带动粉丝的购买欲望，而且他们的合作费用往往也较高，因此又具有一定的合作风险。

明星主播从舞台走向直播间，工作场景进行了切换；从娱乐大众到销售商品，角色身份发生了转变；从面向观众到直面粉丝，心理状态也会发生变化，因此我们不能轻易地将明星知名度和影响力与其直播销售额画等号。

（2）网红主播

网红主播，即依靠网络或直播平台积累知名度并拥有一定影响力的达人主播。网红主播属于原生型主播，他们诞生于互联网、成长于互联网、红火于互联网，在直播领域一步一个脚印，从默默无闻到红火一方，因此他们更懂直播、也更懂粉丝。

网红主播的群体十分庞大且立体，几乎涵盖了直播电商的各个领域，他们的风格各异，有的精于带货，有的擅长搞笑；有的才华横溢，有的真实朴素；有的是领域专家，有的是"氛围之星"。但不管如何，他们都依赖自己独特的个人魅力，在直播电商领域大放异彩。

网红主播的成长路径各不相同，有的是通过在直播间的日积月累最终成为达人的，如李佳琦、小小疯等；有的是通过独树一帜的直播风格一夜爆红，如董宇辉等；有的是通过短视频积累了巨量粉丝，而后转战直播间的，如抖音平台上首个粉丝数量超 1 亿人的主播疯狂小杨哥等；有的是在其他平台积累知名度后转战直播的，如微博上的千万级粉丝博主张沫凡，在进入直播电商后成绩斐然。

网红主播往往具有极其丰富的直播带货经验，在直播场景设计与粉丝心智影响方面更为专业，对商品的讲解也更为独到，且大都拥有比较成熟的直播团队和运营体系，因此直播带货效果相对稳定。与此同时，他们对于直播间的选品有着更高要求，品牌商家在与其合作时往往处于被动地位，缺乏话语权。此外，他们具有相对鲜明的个人特征，针对不同品类商品的带货效果会有较大差异，所以并不适合所有的品牌商家，品牌商家在选择合作时需要特别留意。

7.1.2 按粉丝量级和影响力分类

从粉丝量级和影响力来看，主播又分为头部主播、腰部主播、腿部主播、素人主播。这种分类主要是依据主播粉丝量多少和影响力强弱来划分的，并将其形象地与身体部位进行关联，便于我们理解。

需要说明的是，这种分类方法并没有严格的分类标准，更多依据实践操作中约定俗成的规则进行划分。

头部主播，一般是指直播账号粉丝数量在500万人以上的主播，或者是各直播平台TOP 50的主播。头部主播是直播平台中粉丝数量最多、影响力最强、场观人气最旺、带货能力最强的主播群体，也是令品牌商家趋之若鹜的合作对象。值得一提的是，我们一般又将头部主播中的TOP 3称为顶流主播，他们是各直播平台的领航者与风向标，也是品牌商家最心仪的合作对象。

腰部主播，一般是指粉丝数量为100万～500万人的主播。他们虽然不像头部主播那样一呼百应，但也已经拥有了一定的粉丝基础和影响力，直播事业相对稳定，且正在向头部主播冲刺的路上。腰部主播的单场影响力相对有限，但其群体规模要远大于头部主播，整体曝光势能和销售效果也不可小觑。因此，腰部主播非常适合进入品牌商家的达人矩阵，进行品牌的持续曝光和常态直播销售。

腿部主播，一般是指粉丝数量为10万～100万人的主播。他们的粉丝数量相对较少，账号影响力和曝光度较弱，带货能力一般。他们身处直播事业的上升期，主播风格尚未固化，直播体系也大都不够完善，品牌商家可以用很低的成本与其进行合作，进行商品曝光和销售尝试，将其作为直播达人矩阵的组成部分，这在某种程度上也大大降低了直播合作风险。此外，这类主播特别适合小商家与之进行直播合作。

素人主播，一般是指粉丝数量在10万人以下的主播。他们作为入门新手主播，粉丝基础、影响力、曝光效果等均处于起始阶段，这也是主播里基数最大的一个群体。此类主播销售效果一般，且一般品牌商家较少与之合作，更多的是小商家使用其进行直播测试或作为团队直播练手，以便更好地介入直播运营。此外，在与素人主播进行合作时需要具备伯乐心态，发掘高潜力的进行合作支持，也许在不久的将来，某位素人主播就能迅速成长为头部主播。

7.1.3 按所在领域分类

按所在领域来看，主播又分为垂直类主播和综合类主播。

垂直类主播，是指以某一类产品为直播间主要销售类别的主播。垂直类主播往往是某一领域的意见领袖，集合了知识博主与直播导购的双重身份，其对所在领域的产品、市场、用户等有着极为深入的理解，也因此其直播间的粉丝群体黏性很高、持续转化效果也更好。

综合类主播，是指在直播间销售过程中没有产品类别限制的主播。因为没有了产品类别限制，综合类主播的选品灵活度更高、时效性更强、适用性更广，所以其销售规模也更大。我们所熟悉的头部主播尤其是顶流主播，基本都是综合类主播。值得一提的是，很多垂直类主播一旦取得更好的直播效果，往往就会扩充品类，让自己向综合类主播靠拢。

7.2 达人主播的合作甄选

达人主播有着一定的粉丝基础和直播影响力，品牌商家可以通过与达人主播的合作，快速获得品牌曝光和提升产品销售额，从而领先于竞争者，获得更好的市场主动权。与达人主播合作，也成为了一些品牌商家线上销售的制胜法宝。

但需要注意的是，因为达人主播群体基数较大，带货能力迥异，且合作门槛较高，所以也存在一定的合作风险。如果选择的达人主播不当，那么不但难以取得理想的销售效果，反而可能亏损大额的合作费用，同时造成电商运营团队的士气低落。因此，有针对性地进行达人主播的合作甄选，通过多个维度对拟合作的达人主播进行评估，既能更精准预测直播销售目标，又可以提前规避合作风险。

7.2.1 与达人主播合作的模式

一般而言，与达人主播合作的费用主要由两部分构成，即直播坑位费和直播佣金。直播坑位费是指每次达人主播带货的固定费用，因主播粉丝数量、带货效果、直播影响力等的不同而不同。一个达人主播的单次带货，坑位费少则几千元，多则几万元甚至数十万元，这也是品牌商家与之进行合作的主要风险所在。直播佣金则是达人主播带货产生的销售额提成，由商品品类、时间节点、合作紧密度等来计算，一般提成在直播销售额的 10%~20%。这里需要注意的是，直播佣金的基数是指最终成交的销售额，而非直播时的即时销售额，比如有些用户在直播间下单，后续又进行退货的销售额是不计入佣金的，这也有效保障了品牌商家的合作权益。

目前，大部分的达人主播合作都是采取直播坑位费+直播佣金的方式进行的，但也有一些达人主播采取更为创新的合作模式，主要有纯佣制、供价制、保 ROI（Return on Investment，投资回报率）制和打包制。

纯佣制合作模式，即达人主播不收取坑位费，而只根据直播销售额收取佣金提成。这显然是一种对商家更为友好的合作模式，因为品牌商家没有了固定坑位费支出，降低了合作风险。当然，目前采用纯佣制合作模式的达人主播，更多的是腰部及以下层级的主播群体，或者是 MCN（Multi-Channel Network，网红孵化中心）机构在起号初期为了快速提高与品牌商家的合作效能，而采取的一种合作方案。

供价制合作模式，即达人主播以供货价方式与品牌商家进行结算，达人主播赚取零售价与供货价之间的价差。这种合作模式没有坑位费和佣金费，更类似于单次代理或经销的合作模式，也越来越受到商家的欢迎。这种合作模式相对于品牌商家而言几乎没有任何风险，仅需与达人主播谈妥供货价格即可。但相应的，达人主播对供货价格也十分严苛，商家往往利润微薄，而且相对难以控制达人主播在直播零售中的破价行为。

保 ROI 制合作模式，即达人主播与品牌商家在直播合作中约定具体的投产比例，商家先行支付合作费用，主播按照约定比例完成相应的销售额。这种合作模式往往是多场次合作或较长时间的持续合作模式，品牌商家的一次性投入费用也相对较大。对于品牌商家而言，这种模式的合作效果往往呈现两极化：一种是实现较为稳定、风险可控的结果，即达成了约定的直播销售额；另一种则是达人主播履约效果不佳，造成合作烂尾，即商家如数投入了合作费用，但直播销售额未达到预期效果且主播难以履约。因此，需要从更多维度去衡量是否采用此种合作模式。

打包制合作模式，即达人主播与品牌商家采取打包合作的模式，一般是约定固定合作费用和固定直播场次，进行较为深度集约合作的一种模式。打包合作模式比较常见的表现方式有以下几种：第一种是年度框架制，即约定年度合作费用，提供相匹配的达人直播场次；第二种是达人打包制，即将多位达人的直播资源进行集合，并约定固定合作费用；

第三种是活动打包制，一般针对品牌新品上市、爆品打造、营销活动等需求，量身定制个性化达人直播合作模式。

综上所述，品牌商家在与达人主播进行合作的过程中，无论采取哪种合作模式，都应以控制合作风险、提升合作效能为导向，要让达人主播为己所用，而不要过多地被达人主播所牵制。对于与达人主播合作较少的新手商家，建议前期以纯佣制、供价制模式合作，或先与坑位费用较低的腰部、腿部达人进行合作，以降低合作风险，待合作经验丰富后，再与头部主播进行合作。

7.2.2 甄选达人主播的原则

对于品牌商家而言，达人主播具有优秀的商业价值，是天然的合作对象。

与此同时，达人主播也具有群体基数大、类别众多、风格迥异等特点，他们的带货能力也各不相同，因此与其合作又存在较大的风险。

根据商家产品特性和商家阶段性运营需求，运用科学方法甄选相匹配的达人主播进行合作，是电商从业者必须掌握的技能。

一般而言，甄选达人主播需要遵循以下几个主要原则。

一是关注达人主播风格与品牌产品特点是否契合。达人主播往往有着相对鲜明的个人风格，他们或幽默搞笑，或激情四射，或高冷清傲，或邻家亲和；有的擅长餐饮厨艺，有的钟情于穿搭配饰，有的爱好数码科技。很难要求一位擅长幽默搞笑的主播在推介一款高新数码单品时爆单，擅长餐饮厨艺的主播也很难驾驭一款当季的时尚服饰。因此，我们在甄选主播时，需要特别关注主播"人"的风格与我们"货"的特点是否相得益彰。

二是关注主播投入产出比，即直播合作费用投入与预估销售额是否匹配。品牌商家与达人主播合作，投入产出比是衡量合作效果的关键指标，也是直播合作是否值得持续的核心要素。因此，商家在甄选主播时，不能仅关注主播的直播坑位费的高低，更要提前预估投入产出比。预估投入产出比的关键是对直播销售额进行测算，一般可以采取场均法、竞品类比法、主播参考法等。场均法，即对拟合作主播的过往直播场次进行分析，计算公式为：预测销售额=场均销售额/场均产品数。竞品类比法，即对拟合作主播过往直播中推介的同类竞品做分析，计算公式为：预测销售额=同类竞品总销售额/同类竞品直播场次。主播参考法，一般拟合作主播未曾推介过同类竞品，难以取得同类竞品的直播销售参考数据，这时我们会选取一位或多位与拟合作主播层级相当、粉丝基数和影响力接近的主播，进行销售额预测，并以此作为参考。

三是关注直播合作风险。很多直播经验不丰富的品牌商家在与达人主播的合作过程中，往往容易沉浸于产品提报成功后的喜悦，却忽视了可能发生的直播合作风险。对于第一次合作的达人主播，我们虽会提前做销售额预测，但也很难获知真实的直播效果。即使是多次合作、直播效果相对稳定的主播，也可能会因为各种因素导致直播销售不利。因此，我们要将直播合作的风险前置，提前排查可能存在的风险隐患。比如，在与明星合作直播时，合作费用大都高昂，且直播效果具有很大的不确定性，应审慎对待；再如，在大促期间，顶流主播往往呈现出超强的"虹吸效应"，而小型头部及以下层级的主播的直播效果反而会打折，但直播费用会比平时更高，这一点也需要特别留意。

7.2.3 与达人主播合作的目标

品牌商家在选择达人主播进行合作时，应根据自身电商经营的阶段性特征来确定合作目标。常见的达人主播合作目标有以下几种。

（1）低投入、低风险的直播尝试。此种合作目标常见于参与直播合作较少的品牌商家，或直播预算有限的商家。其目的是通过较低的成本，测试与主播合作的潜力与机会，并熟悉与达人主播合作的各个流程。在这种情况下，一般建议选择腰部及以下层级的达人主播进行合作，并尽量采取纯佣制或低坑位费的合作模式，这可以有效降低费用投入和合作风险，积累商家与达人主播合作的经验。

（2）高投入、高频次的直播曝光。此种合作目标常见于资金预算充裕的品牌型企业，或有对新品在上市初期、大促预热期进行集中曝光需求的企业。这种合作目的是通过与高覆盖率、高频次的达人主播合作，对品牌产品进行集中的宣传曝光，快速提升品牌影响力和认知度，进而影响用户心智并让用户形成购买决策。在这种情况下，一般建议选择腰部及头部的达人主播，在短时间内形成强势的达人直播矩阵。需要说明的是，此种方式更偏向于市场宣传层面，其投入产出比相对较低。

（3）提升品牌公信力、促进销售转化。此种合作目标常见于新兴品牌或品牌基础相对较弱的商家，目的是将达人主播的优质人设及其在粉丝中建立的信任度嫁接到品牌产品上，形成借势效应。在这种情况下，一般选择具有一定知名度、形象正面的明星达人或垂直品类主播进行合作，借主播之势达品牌之力，提升用户对品牌的信任度，同时提升转化效果。

（4）确保行业领先地位、构筑竞争壁垒。此种合作目标常见于电商行业领先企业或试图冲击品类 TOP 的新兴品牌，目的是通过与达人主播合作，确保自身的行业领先地位，同时建立品牌在行业中的竞争壁垒。在这种情况下，一般选择各平台的顶流主播和头部主播进行长期合作，将顶流和头部主播的超高人气及影响力嫁接到品牌曝光和产品销售中，让其他竞争者望尘莫及。需要特别说明的是，很多顶流主播在选品方面十分苛刻，他们在与某一商家合作效果较好的情况下，往往对其他品牌具有天然的品类排他性。

7.2.4 甄选达人主播的指标

在了解了合作模式、甄选原则和合作目标后，我们就需要对达人主播进行更为细致的甄选了。具体而言，我们需要对达人主播的粉丝数、场均观看人次、场均宝贝数、场均销售额、场均宝贝客单价、场均开播时长等数据，进行深入的分析与研究，最终确认达人主播是否具有合作价值。

粉丝数，即达人主播账号的粉丝数量。这个数据主要反映达人主播的粉丝规模、号召力、影响力等，也是确定达人主播层级的重要指标。一般而言，主播粉丝数量越多，其直播影响力越大，直播效果越好。

场均观看人次，即达人主播账号每场直播的观看人次。这个数据反映的维度与粉丝数反映的维度相近，但更为直观和深入，也更有时效性，因此评估价值更高。一般而言，达人主播的场均观看人次越多，则其直播影响力越大，品牌曝光效果越好。为了更好地评估主播价值，确认其粉丝数的真实性和粉丝质量，我们还会用采用一个简单的公式：粉丝数除以场均观看人次，得出的数值越大，说明达人主播的粉丝质量越差，反之则粉丝质量越好。

场均宝贝数，即达人主播账号每场直播推介的产品数。这个数据需要结合主播的场均直播时间进行分析，得出宝贝平均讲解时长。具体公式为：宝贝平均讲解时长=场均直播时间/场均宝贝数。一般而言，宝贝平均讲解时间越长，品牌曝光效果越好，销售额提升的机会越大。有些主播，可能各方面数据表现都不错，但如果场均宝贝数过多，宝贝平均讲解时长较短，则需要审慎对待。

场均销售额，即达人主播账号每场直播的销售额。这个数据是直观体现达人主播带货能力的指标，属于非常重要的甄选指标。一般而言，我们还需要对此指标进行细化分析，如计算出场均单品销售额，并将其作为直播产出的评估依据，具体为：场均单品销售额=场均销售额/场均产品数。此外，我们还可以通过表格统计方式，更直观地了解达人主播的带货能力，并判断达人主播的带货销售额的上限和下限。如某主播的某场直播销售额为300万元，共推介了25个产品，我们对此做相关统计，如表7-1所示。

表7-1 某达人主播场均销售分析表

销售额区间	产品数	销售总额	商品占比
10万元以下	15个	90万元	60%
10~20万元	7个	105万元	28%
20~30万元	2个	70万元	8%
30万元以上	1个	35万元	4%

从表7-1中可以看出，这位达人主播推介了25个产品，场均单品销售为300万元/25个=12.5万元，最高单品销售额为30余万元。其中，场均单品销售额集中在10万元以下，占总商品数的60%。场均单品销售额超过20万元的仅有3个，占总商品数的12%。我们可以依据上述指标预估与其合作的直播产出销售额。

场均宝贝客单价，即达人主播账号每场直播推介产品的平均客单价。这个数据主要用来判断达人主播对不同产品单价的驾驭能力。一般而言，场均宝贝客单价越高，达人主播对高单价产品的驾驭能力越强，反之亦然。此外，我们还需要对宝贝客单价进行统计分析，了解其价格梯度。比如某达人主播在某场直播中共推介了40个产品，我们可以对产品单价进行统计分析，如表7-2所示。

表7-2 某达人主播场均宝贝客单价分析表

价格区间	产品数	平均单价	商品占比
50元以下	6个	36元	15%
50~200元	22个	125元	55%
200~1000元	8个	600元	20%
1000元以上	4个	1300元	10%

场均开播时长，即达人主播账号每场直播的平均时长。这个数据主要用来估算达人主播直播间的峰值时间，便于商家与达人主播相互沟通协调产品的出场次序。达人直播间的人气曲线或销售曲线一般都呈现出较为明显的抛物线特征，即直播的中间时间段是直播效应峰值时间，以此为基点，直播效应向前或向后逐步减弱。比如某位达人主播平均开播时长为 3 小时，则在开播后的 1.5 小时左右是其直播效应峰值时间。

除了以上数据，我们还会关注达人主播的直播间互动率、直播间销售氛围营造，以及主播在讲解其他品牌产品时的用心程度、精神状态等，综合研判达人主播的合作价值。

7.3 评估达人主播的合作价值

在对达人主播进行初步甄选后，将会出现一批各项指标符合我们要求的拟合作主播。此时，我们需要对达人主播进行更有针对性的定向研究，研判主播性价比，评估主播合作价值。

首先，确认产品与达人主播 IP 是否匹配。每个主播都有相对鲜明的个人 IP，且大都具有阶段性的品类标签，因此我们不能草率地全凭数据判定其合作价值，还需要综合评判产品与主播 IP 是否匹配。比如某位达人主播给大多数人的印象是数码达人、连续创业者，所以家纺、女装等产品与其调性难以匹配，直播效果值得商榷。再如，某位达人主播在直播时语速飞快，其直播间美妆类产品销售火爆，所以与其进行数码家电、家居生活等产品的合作则需要慎重。

其次，确认达人主播直播效果是否稳定。优秀的达人主播的直播效果往往具有连贯性，不会出现大起大落的情况。相反，如果一位达人主播的多场连续直播的销售额忽高忽低、起伏较大，则一定要认真研究其销售额低的直播场次，因为高销售额的直播场次往往会有特殊因素，而非该主播的正常水平。常见的做法是通过数据工具对该主播最近几个月的直播数据，尤其是直播销售额进行分析，去除异常的高销售额场次，取平均数作为单场直播销售额的参考依据。

再次，研究同类产品的销售表现。对于从未合作过的达人主播，我们判断其带货效果的最有效方式就是研究其在直播其他同类产品时的销售表现。我们可以通过相关的数据工具提取出该主播过往直播场次中同类型产品的销售数据，并将该销售数据作为未来合作的销售参考数据。但我们仍然需要结合其他维度对达人主播进行综合判断，如品牌力差异、产品力差异、价格差异、赠品差异、直播场次差异等。

如果拟合作达人主播过往没有直播过同类竞品，则可以挑选其他维度进行参考和销售预估。比如我们想销售一款换鞋凳，但是拟合作的达人主播在过往直播中并未销售过换鞋凳，那么我们就需要向上一级品类进行拓展，可以研究该达人主播是否销售过餐桌椅、电视柜、衣帽架等其他家具用品，这些用品的销售数据同样值得参考，因为这些用品与换鞋凳的购买人群基本一致。

在实施过程中，我们还会遭遇另一种尴尬的情况，即我们看好的达人主播并未销售过我们的相关品类，甚至关联类别的产品都没有销售过，这时应该怎么办呢？比如，我们想销售一台售价 1500 元的空气净化器，但是该达人主播从未销售过电器类产品，那么我们如何判断这位达人主播是否值得合作呢？

此时，我们需要对产品进行其他维度的拆解，并匹配相应的产品进行评估。1500 元的空气净化器有几个特点：一是它的价格相对较高；二是它属于低频消费类产品；三是它符合家庭、装修或健康场景。有了以上几个维度，我们就可以从达人主播过往的直播销售中，寻找与这几个维度相对应的产品进行对标，如售价 1200 元的美容仪、900 元的洗脚盆、3000 元的跑步机、5000 元的按摩椅、1800 元的马桶等，这些产品虽然与空气净化器不是一个品类，但是它们的价格、产品属性、消费场景等都与空气净化器具有强相关性，所以这些产品的销售表现完全可以作为我们的销售预估参考。

同样，如果我们想通过达人主播销售一双 200 元的老人鞋，但是该主播从未直播过服装配饰，那么我们仍然可以对此产品进行维度拆解，找出相匹配的产品数据进行预估。200 元的老人鞋有以下几个特点：一是符合送礼场景，尤其是可以用来孝敬父母；二是产品实用性强；三是产品价格较为便宜。那么，我们就可以从达人主播的过往直播销售中寻找与该鞋对应的产品进行对标，比如售价 150 元的珍珠项链、250 元的蛋白质粉、500 元的老年智能手表、400 元的洗脚盆、300 元的保健枕等，这些产品从消费场景、实用性和价格等方面均与老人鞋有强相关性，所以它们的销售表现也可以作为老人鞋的销售预估参考。

最后，评估与达人主播的合作风险与收益。达人主播在不同时间段内，会依据其知名度、粉丝量、直播场观数、销售表现、直播能级、产品类别及时间阶段等，调整其合作价格和合作条件，最为典型的现象是每逢"618""双 11"大促期间，达人主播的合作费用就会明显提高。因此，评估达人主播性价比是我们确定是否与其进行合作的重要内容。

在评估达人主播性价比时，有几个指标需要确定，即坑位费、佣金比例和预估销售额。达人主播的坑位费、佣金比例都可以与其招商人员沟通商榷，比较关键的是确定直播的预估销售额。

我们可以结合计算公式对达人主播进行综合评估，并预估与其合作的收益。公式为：

合作收益（预估）=毛利[预估销售额−直接成本（产品成本、平台扣点、物流费用、赠品成本等）]−主播坑位费−主播佣金（预估销售额×佣金比例）。

当合作收益<0 时，意味着我们与其合作有很大可能是亏本的。在此情况下，达人主播性价比较低，不建议合作。

当合作收益=0 或接近 0 时，意味着我们与达人主播的合作大概率在盈亏平衡线上下浮动，在此情况下，可具体结合企业情况确认是否合作。

当合作收益>0 时，意味着我们与达人主播合作实现正向盈利的机会较大，且此数值越大则达人主播价值越高，此情况建议合作。

需要注意的是，当合作收益>0 时，并不意味着我们就一定要跟此达人主播合作。这时，还需要考虑两个因素：一是合作收益是建立在预估销售额的基础之上的，预估销售额并不等于实际销售额；二是主播坑位费越高，我们的风险系数就越大。这时候，我们就需要对达人主播性价比进行评估了，公式如下：

主播合作系数=合作收益/主播坑位费

此公式仅对合作收益>0 的主播进行评估，主播合作系数越大，说明达人主播合作性价比越高，合作优先级也就越高。从这个公式中我们可以看出，影响主播合作系数数值的是公式中的分子（即合作收益）和分母（即主播坑位费）。因此，我们也可以得出两个结论，结论一：在同等条件下，合作收益越大，达人主播的性价比越高。那么与哪些达人主播合作收益会更大呢？很显然，顶流主播和优质头部主播当仁不让。结论二：在同等条件下，主播坑位费越低，主播的性价比越高。在实际操作中，直播效果相对稳定的腰部主播的坑位费往往更合理，所以腰部主播也是商家们不错的选择。我们可以根据品牌产品的实际需求对相关主播进行评估，甄选优质主播进行合作。

7.4　与达人主播的建联沟通

很多品牌商家会说，达人主播的带货能力那么强，我们要跟他们建立合作，但是不知道怎么联系到他们并商讨具体的合作方式。如此现实的问题摆在面前该如何解决呢？这就涉及与达人主播的建联沟通了。在各直播平台与达人主播建联沟通的具体操作都略有不同，但是基本途径和方法几乎都是一样的，为了避免繁冗，我们在此以淘宝直播作为示范，以热浪引擎平台为例，讲述常见的与达人主播建联的方式，具体如下。

（1）寻找与匹配达人主播。用店铺主账号登录热浪引擎，选择"V任务"，点击"主播广场"，即出现达人主播页面，如图7-1所示。

图7-1　达人主播页面

在达人主播页面中，自上而下主要有4个列表，分别是官方推荐、为你推荐（如图7-1所示）、智能找人和自主找人（如图7-2所示）。

第 7 章　学会达人直播

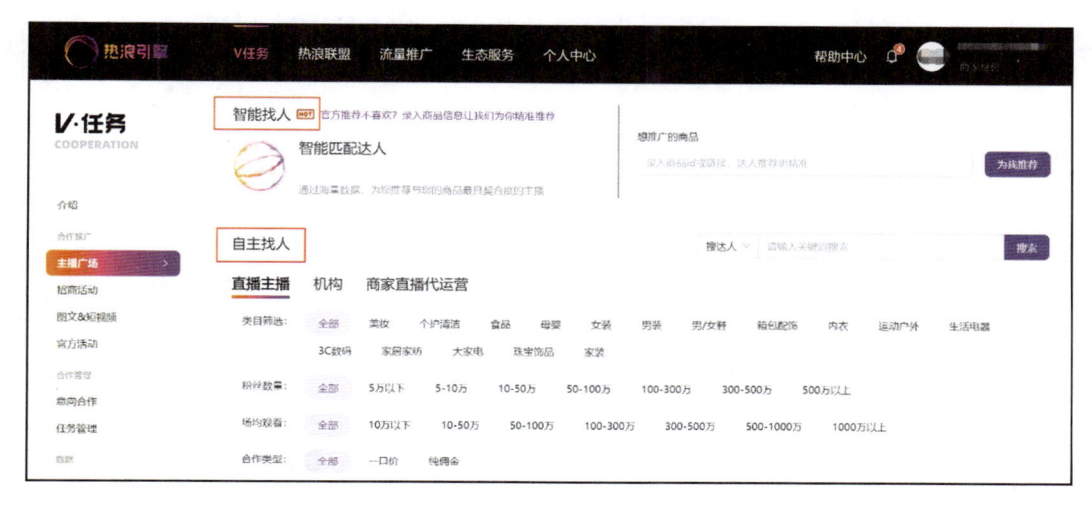

图 7-2　智能找人和自主找人

在官方推荐的主播列表中，又分为潜力黑马、金牌主播、纯佣合作和高性价比这 4 类主播。潜力黑马代表近期直播表现效果佳、增长潜力好的主播；金牌主播代表平台的头部主播；纯佣合作即没有固定坑位费且大都为腰部以下的主播；高性价比一般是腰部及以上且综合性价比较高的主播。品牌商家可以根据自己的需求在对应主播列表里选择适合自己的主播。

在为你推荐列表中的主播，则类似对店铺的定向推荐主播，也可作为选择参考。

在智能找人的主播列表中，我们可以在搜索框中录入商品 ID 或链接，由系统推荐相匹配的达人主播，更为高效精准。

自主找人主播列表，是品牌商家最常使用的、极具个性化的一种达人主播匹配方式，品牌商家可以自主选定合作类目、粉丝数量、场均观看、合作类型等条件，挑选匹配的达人主播。在此板块，品牌商家还可以通过选择直播机构进行建联，或寻找直播代运营公司进一步延伸直播服务。

例如，商家是珠宝饰品类目，需要选择粉丝数量在 100 万～300 万、场均观看量在 50 万～100 万人次的主播，合作类型选择"全部"，则会出现符合上述条件的相关主播，如图 7-3 所示。

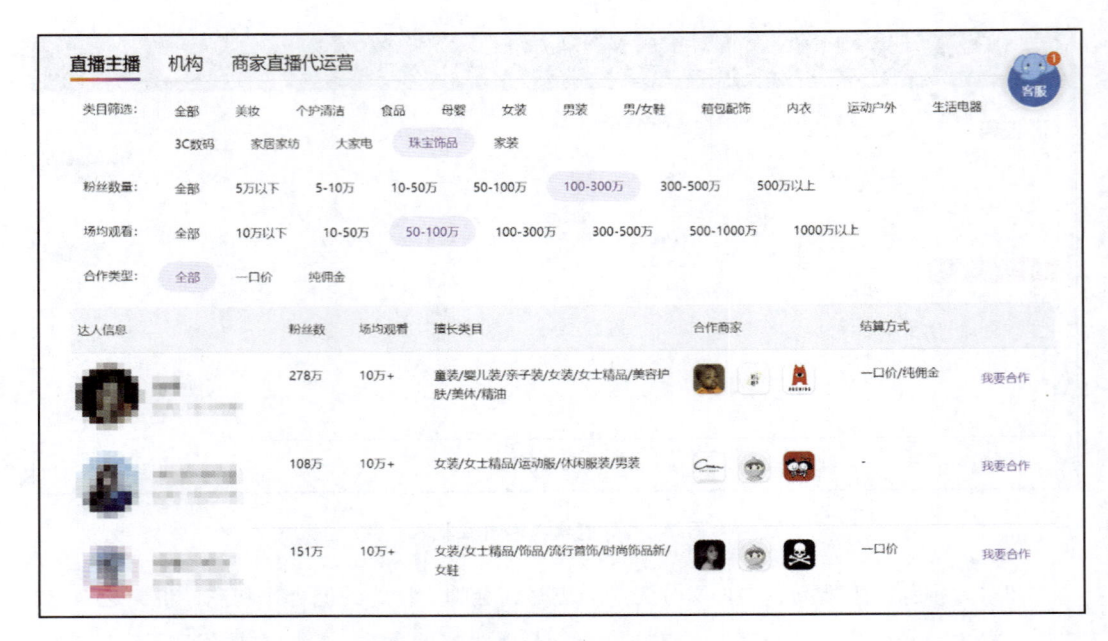

图 7-3 符合条件的主播列表

（2）获取达人主播的直接联络方式。在寻找到合适的达人主播后，我们就可以与其进行建联，并洽谈具体商务合作了。建联合作最关键的一步就是获得意向达人主播招商团队的直接联络方式，一般而言，主要有以下几种联络方式。

①通过达人主页获取联络方式，即点击选中的达人主播头像，进入达人主页，很多主播会在其主页介绍中留下相应的联络方式，供商家洽谈合作，如图 7-4 所示。

②通过主播店铺内的宝贝链接获取联络方式，即进入主播店铺，在店铺首页点开全部宝贝（如图 7-5 所示），在全部宝贝中找到售后服务链接。一般此类链接都具有价格奇高、零人购买、主图注明为售后服务的特点，如图 7-6 所示。点击此链接，向对方说明来意，索要招商人员的联络方式，如图 7-7 所示。

第 7 章　学会达人直播 | 143

图 7-4　达人主页

图 7-5　主播店铺　　　　图 7-6　售后链接图　　　　7-7　索要联络方式

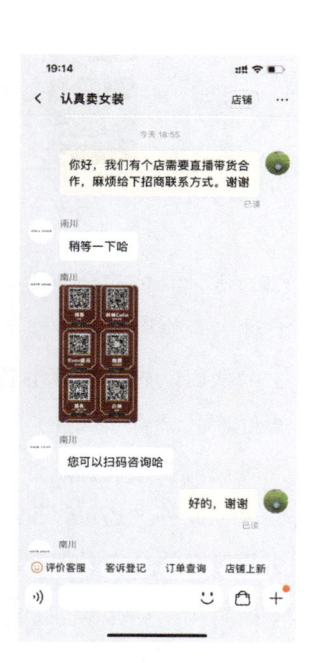

③通过直播间宝贝链接获取联络方式，即进入相应的主播直播间，在其售卖宝贝中找到直播间的客服售后链接，此类链接经常使用1号宝贝链接进行发布，如图7-8所示。与此宝贝链接的客服进行联络，说明合作来意，索要招商人员的联络方式即可，如图7-9所示。

图7-8　1号宝贝链接　　　　图7-9　与客服索要联络方式

（3）进行具体的合作洽谈沟通。在与达人主播的招商人员建立直接的联络后，就可以进行具体的合作咨询和洽谈了。洽谈过程主要分为三个阶段，各阶段的注意事项如下。

①洽谈前，做好充分准备。在与招商人员进行合作洽谈前需要充分了解主播特点、风格、喜好产品、合作关注点等，并确认商家或产品的相关因素能够与之匹配，做到有的放矢。同时，需要提前筛选计划合作的具体产品，并匡算好能够给予主播的福利支持，做到有备而来。此外，还可以准备与其他达人主播合作过的优秀成绩，作为沟通合作的辅助依据，引起对方的合作兴趣。

②洽谈中，活用技巧、凸显专业性。达人主播的招商人员时刻与海量商家进行对接，如不能尽快获取其信任，则合作前功尽弃。此时，应灵活运用沟通技巧，同时凸显品牌自身在直播中的专业度。比如，在与腰部主播进行合作洽谈时，可以适时抛出品牌产品与头部主播合作的历史，对方会马上表现出浓烈的兴趣。再如，当主播近期已经在直播同类产

品时，可以适时指出，我方产品的品牌排名在其之上，销售额可以更上一层楼，对方也会马上表现出更大的兴趣。在确认对方对产品感兴趣后，需要张弛有度地就合作价格、排期、排位、风险控制等进行更深入的探讨，直至达到自己期望的效果。

③洽谈后，适时跟进，直至完播。当与招商人员洽谈并确认合作事宜时，与达人主播的合作并未开始，仅代表双方认可了相关合作条款，因此切不可被动等待。因为影响力越大的达人主播，其选品团队在同品类下的产品备份选项越多，这个阶段，需要把握好节奏，持续地与招商人员沟通，不时询问排期机会和可能的排期时间，并且要对招商人员的临时性、随机性问题快速回复，否则很可能就会错过一场完美的直播合作。这种跟进需要一直保持到完播，而后继续进行新一轮的合作。

综上所述，在与达人主播实施合作的过程中，我们既要了解达人主播的主要类别，在浩瀚的主播列表中对他们进行有效的分类盘点，从而快速锁定想要合作的主播的精准区域；也要学习甄选达人主播的策略，在规避合作风险的同时，提升优质带货主播的技能与技巧，助力商家电商直播茁壮成长；还要掌握评估达人主播价值的方法，在规避平庸主播的同时，发掘最有价值主播、高性价比主播等，创造电商直播销售的新高度；更要通过与达人主播的建联，快速定位找寻与商家产品相匹配的达人主播，通过优秀的沟通技巧和专业能力，实现与意向达人主播的最终合作，创造电商直播佳绩。

本章习题

1. 名词解释

（1）什么是达人直播？
（2）什么是腰部主播？
（3）什么是垂直类主播？

2. 选择题

（1）以下哪个选项，不属于达人主播的甄选指标？（　　）
A. 场均观看人次　　　　　　　　B. 场均宝贝数

C. 新增粉丝数 D. 场均销售额

(2) 在甄选合作主播时，我们需要对直播销售额进行预估，以下哪种方法不正确？（　　）

A. 月均法 B. 场均法

C. 主播参考法 D. 竞品类比法

(3) 在对达人主播进行定向研究时，以下说法不正确的是（　　）。

A. 研究同类产品销售表现 B. 研究待合作产品过往数据

C. 确认主播的直播效果是否稳定 D. 确认产品与主播 IP 是否匹配

(4) 达人主播按粉丝量级和影响力来分，以下说法正确的是（　　）。

A. 头部主播 B. 明星主播

C. 腰部主播 D. 素人主播

(5) 在商家与达人主播之间，有哪些合作模式？（　　）

A. 纯佣制 B. 保 ROI 制

C. 供价制 D. 直播坑位费+佣金制

3. 填空题

(1) 明星主播，泛指从事主播带货业务的主播为已经有_____的演艺界人士。

(2) 大部分的达人主播合作都是采取_____的方式进行结算的。

(3) 保 ROI 制合作模式，即达人主播与品牌商家在直播合作中约定具体的_____，商家先行支付合作费用，主播按照约定比例完成相应的销售额。

4. 问答题

(1) 请列出达人主播合作收益的计算公式，简述影响收益的主要因素有哪些，并给出理由。

(2) 以淘宝直播为例，请简述商家与达人主播进行建联沟通的流程与步骤。

第 8 章

直播间流量推广方法

8.1 解读直播间流量结构

8.1.1 直播间流量来源分类

流量是直播间的核心，如同鱼儿需要水，人类需要氧气一般重要。在我们研究如何才能获取到更多流量之前，需要先弄清楚直播间获得流量的渠道有哪些，以及不同的流量来源对我们有什么重要的意义。直播间流量渠道如图 8-1 所示。

流量渠道说明	自然流量	流量占比	成交金额占比	渠道千次观看成交	付费流量	流量占比	成交金额占比	渠道千次观看成交
	关注	9.82%	0.69%	¥327.14	千川PC版	68.78%	51.20%	¥3,484.59
	搜索	8.32%	35.26%	¥19,824.56	品牌广告	0.00%	0.00%	¥0
	直播推荐	7.30%	7.71%	¥4,940	小店随心推	0.00%	0.00%	¥0
	个人主页&店…	2.15%	2.74%	¥5,955.08	其他广告	0.00%	0.00%	¥0
	全部自然流量渠道>				全部付费流量渠道>			

图 8-1　直播间流量渠道示意图

从流量性质上划分，直播间的整体流量可以分为自然流量和付费流量。自然流量即直播间从直播平台获取的免费流量，理论上来讲，对于商家而言这一部分流量越多越好，因为这意味着商家不花钱就能有更多的用户进入直播间。付费流量则是商家通过各直播平台的流量推广工具进行了商业的广告投放从而获取到的流量。

自然流量和付费流量的来源里面又有诸多细分渠道，以抖音平台为例，直播间自然流量示意图如图 8-2 所示，直播间付费流量示意图如图 8-3 所示。

自然流量

渠道名称	流量占比	成交金额	成交金额占比	渠道千次观看成交
●关注	9.91%	¥176	0.68%	¥316.55
●搜索	8.36%	¥9,040	34.92%	¥19,275.05
●直播推荐	7.26%	¥1,976	7.63%	¥4,855.04
推荐feed	6.99%	¥1,976	7.63%	¥5,040.82
其他推荐场景	0.27%	¥0	0.00%	¥0
同城	0.00%	¥0	0.00%	¥0
直播广场	0.00%	¥0	0.00%	¥0
●个人主页&店铺&橱窗	2.16%	¥702.7	2.71%	¥5,807.44
●头条西瓜	1.96%	¥88	0.34%	¥800
●短视频引流	0.89%	¥440	1.70%	¥8,800
●抖音商城推荐	0.36%	¥88	0.34%	¥4,400
●其他	0.21%	¥0	0.00%	¥0
●活动页	0.16%	¥0	0.00%	¥0

图 8-2 直播间自然流量示意图

付费流量

渠道名称	流量占比	成交金额	成交金额占比	渠道千次观看成交
●千川PC版	68.65%	¥13,373.92	51.68%	¥3,429.21
●品牌广告	0.00%	¥0	0.00%	¥0
●小店随心推	0.00%	¥0	0.00%	¥0
●其他广告	0.00%	¥0	0.00%	¥0
●千川品牌广告	0.00%	¥0	0.00%	¥0

图 8-3 直播间付费流量示意图

在抖音平台上，我们可以看到，自然流量的渠道有关注、搜索、直播推荐、个人主页&店铺&橱窗、头条西瓜、短视频引流、抖音商城推荐、活动页等。

付费流量的渠道有千川 PC 版、品牌广告、小店随心推、千川品牌广告等。不同的渠道，也就意味着有不一样的流量入口，抖音平台关注、搜索、推荐流量入口如图 8-4 所示。

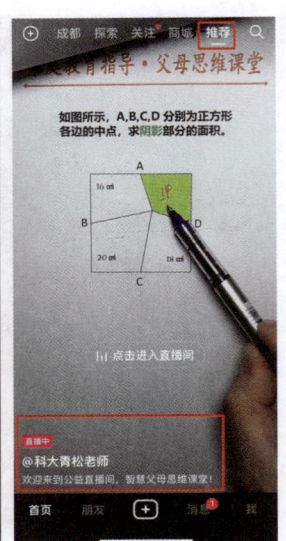

图 8-4 抖音平台关注、搜索、推荐流量入口

不同渠道推送的流量宛如涓涓细流一般汇聚成了直播间每一场总的观看人数，也只有在弄明白了每一个流量渠道的特性之后，我们才能更好地去优化直播间的"人、货、场"，获取更多的流量。

8.1.2 直播间流量获取的原理

下面我们来看一下直播间获取流量的原理，以及如何才能在各个直播平台拿到更多流量。

各电商平台对于流量分发的底层算法原理都是保密的，即使是在淘宝/天猫耕耘了数十载的"电商老兵"，对淘宝/天猫的核心的底层算法也很难琢磨透彻，因此我们在讨论流量获取原理的时候，更多凭借过往的运营经验及不同平台披露给商家端的经营数据指标来推理出大致的方向，这种依靠数据反推出的结论并不能百分之一百地回溯出每一个电商平台的流量分发的核心底层原理，但朝着这个方向前行的路径一定是可靠且有效的。

自然流量是平台依据直播内容价值分发的流量，也是商家可以通过优化内容来"赚取"的流量，这一部分流量理论上不需要花钱，对于商家而言多多益善，因此如何"赚"到更多自然流量是很多商家经营策略的重中之重。在抖音直播中，自然流量的"大头"一般来自直播 feed（即"信息流"，是抖音平台根据用户兴趣对内容进行分发的一种形式），而付费流量是商家根据自身具体经营需求借助广告投放"买"的流量。在对流量进行经营时，商家应该做到"赚"更多自然流量、"买"更划算的流量。因此当我们谈论获取的流量时，主要是指自然流量。如前面所讲，直播账号内容价值越高，就越容易获取到更多的自然流量，这一点几乎是所有平台在进行流量分发时都会遵循的最基本的底层逻辑。何为"内容价值高"？答案在直播间的数据层面上有最直观的展示。

当一场直播开播时，直播间内暂时没有任何观看、互动、转化的数据，那么平台是如何估算这场直播的内容价值并分配流量的呢？答案是账号的数据积累及过往的直播数据积累，比如账号的粉丝数量、粉丝画像、交易评价，最近的平均看播人数、用户停留时长、互动率等，这些数据就像一个"信用凭证"，佐证了账号优质的内容价值，平台分发流量会根据对直播间可承接流量的估算和对兴趣人群的预测来进行。

因此在直播日常的经营过程中，长期持续性的直播积累是非常重要的，每一次直播数据都能成为下一次直播流量推荐的参考。同时，直播日常经营的一致性也非常重要，对于直播间风格、产品结构、目标人群画像不应该有太大的调整。当目标人群画像不精准时，流量的分发就很难找到相应的人群画像作为参考。

直播间的实时指标也会影响自然流量的波动，在直播过程中的自然流量推荐也不是完全稳定且一成不变的，这是因为平台会根据直播间的实时数据指标进行流量分发和触达的调整。有过直播经验的商家会发现，当直播间综合数据不断上升的时候，直播间的流量也会稳定上升，反之亦然。因此在直播过程中，商家也需要对各项实时数据进行关注，通过对直播间的调整来针对性地优化表现不佳的指标。实时在线人数是直播间流量的直接指标，这是一个动态变化的指标，其数值主要由实时进入直播间的人数和离开直播间的人数决定，而提升实时在线人数的主要思路就是"开源节流"。

其中"节流"主要是延长用户在直播间的停留时长，把想要离开直播间的用户留下来。提升直播内容本身的可看性是让用户留下来的主要方式，比如提升内容的精彩程度和丰富度，为用户带来持续的新鲜感。此外也可以借助各种直播间的玩法来吸引用户，如定时抽奖、增加评论互动等。"开源"主要通过优化直播间数据来撬动平台对自然流量的分发。商家可以通过互动游戏、问答、求点赞、提醒加关注等方式让用户参与到直播间的互动中来，以提高互动率和看播数据，或通过引流款产品带动点击率和转化指标的提升。直播间的互动需要场控和主播紧密配合，才能把控好互动节奏，帮助直播间获取更多自然流量的推荐。

自然流量的获取也离不开账号粉丝的帮助，高黏性的粉丝互动可以盘活账号流量存量。粉丝是账号长期经营积累下的重要资产，对账号和主播有较强的信任感，对账号内容和产品更加熟悉，且有着较强的直播间购物心智，能够为直播间带来更好的数据表现，从而撬动更多的自然流量分发。因此商家在直播间的流量运营中需要关注对粉丝人群的触达，通过直播前的充分预告，并对下一场直播的主播、产品、优惠等重要信息进行提前"透播"，让粉丝提前了解下一场直播的开播时间，引发粉丝对下一场直播的期待。

常用的方式有：在每一场直播结束前对下一场直播的预热信息进行讲解，在开播前进行预热短视频的发布，在账号装修中强调下一场直播的信息（如修改账号名称、账号简介等）。

通过优质短视频引流是获取自然流量非常重要的一种方式。

当账号在直播时，用户如果刷到了账号的短视频内容，则可以在账号头像处看到明确的呼吸灯提醒，用户点击呼吸灯就可以直接进入账号直播间，这种引流方式也是商家获取额外自然流量的重要方法。将本场直播的高光时刻进行剪辑发布，让用户进入直播间看到的产品跟在短视频看到的产品相同，这样也会让进入直播间的用户目标性更强。

商家还可以提前做好引流素材，并根据直播节奏按照一定的"提前量"进行发布。短视频热度的积累也需要一定的时间，算准"提前量"可以让短视频内容与直播间内容准确匹配。

对于引流效果好的短视频，还可以借助广告进行加热，提高短视频的曝光率，增强短视频的引流能力。短视频渠道流量的多少主要受到账号发布的短视频质量的影响，如果账号发布的短视频内容优质，在平台获取了数百万的播放量，而此时此刻我们的直播间也在开播中，那么理论上通过短视频这个渠道进入直播间的人数占比就会比较多。同时，因为短视频本身的特性，用户已经被短视频"种草"过一轮，心智得到洗礼，所以通过视频进入直播间的用户购买产品的概率也会比较大，也就是我们常说的转化率会比较高。

如图 8-5 所示，某服装品牌抖音小店最近 30 日通过账号发布短视频，吸引了 307 万人次的观看，其中有 7.3 万人次先看完短视频，紧接着通过短视频渠道进入了直播间。假设按照视频引流 1%的转化率来估算，这 30 日该小店通过短视频引流进入直播间产生的订单至少会有 700 笔，而且这些流量都属于免费流量，因此从经营的角度上来讲极具性价比。

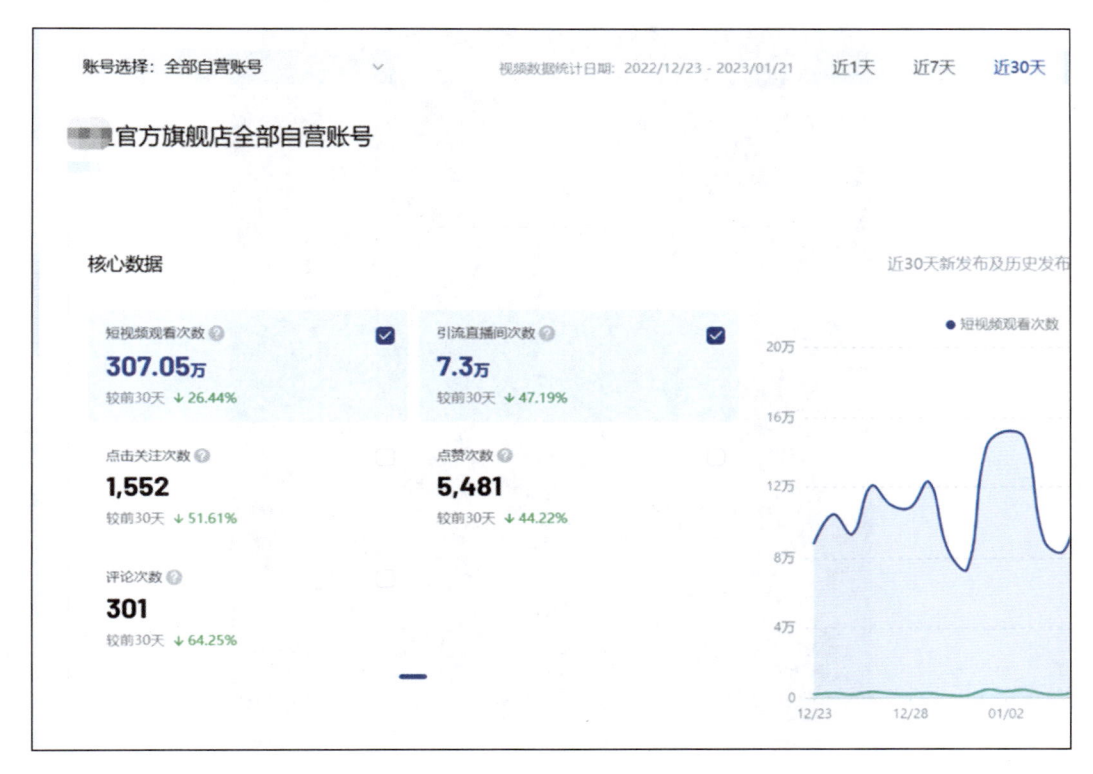

图 8-5　某服装品牌抖音小店

　　如图 8-6 所示为某直播间自然流量的不同渠道流量占比，在图中我们可以看到，在这一场直播的流量结构中，通过短视频引流进入直播间的人数只占到总流量的 1.41%，然而这些人数的成交金额占比却高达 41.57%，可换算成：每 1000 个人观看直播，预估产生的成交金额高达 90 000 元。由此可见，短视频这个流量渠道，能给我们带来稳定的转化率和较高的成交金额。对于很多付费流量占比较高的直播间，在千川投放短视频也是极其重要的事情，所以商家在日后的经营过程中一定要对这部分流量渠道有足够的重视。

　　总之自然流量的获取需要账号有长期指标的积累，同时在直播的过程中不断优化各项综合数据，平台才会愿意分配更多的流量。

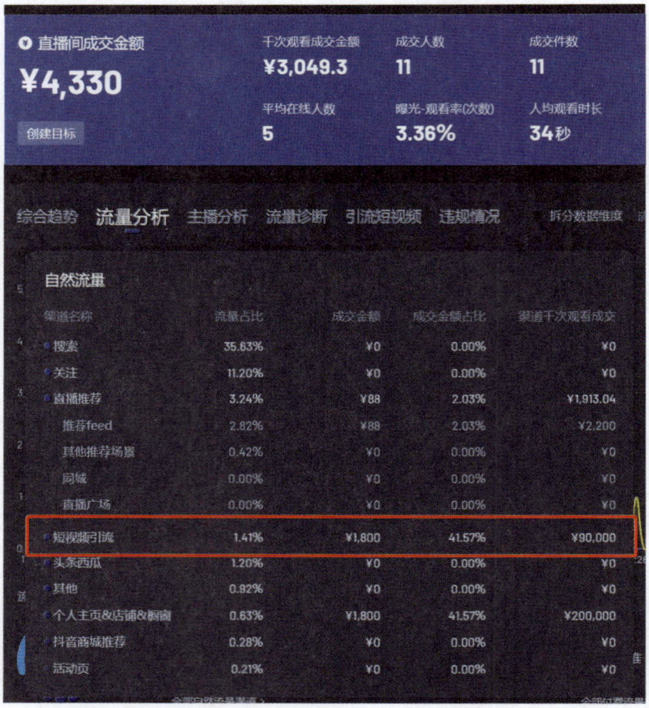

图 8-6 某直播间自然流量的不同渠道流量占比

8.2 直播间流量推广

8.2.1 直播间付费推广的必要性

  正确应用广告投放能够实现流量推荐的正循环，在抖音电商的"雪球增长"下，通过更精准的流量引入和更高转化率的推动，广告投放效果可实现滚动式提升。随着直播电商越来越趋于成熟化、专业化，有更多的商家进入直播行业，然而对于各个平台来说，流量都是有限的，平台不可能把有限的流量无限地分配给商家，商家通过付费推广不仅能更快速地获取到想要的精准流量，而且在正确的广告投放策略之下，也能提升直播间的综合数据指标，从而去撬动更多的免费流量，因此，直播间付费推广是大部分商家都应该去尝试打通的流量通道之一。

8.2.2 直播间付费推广的应用场景

直播间的付费推广并不是简单粗暴地花钱买流量，商家需要针对不同的账号及其发展需求，在不同阶段制定不同的广告投放策略，从而引入更多的精准流量以达成不同的目的。以抖音平台为例，我们将抖音账号和抖音小店发展划分为三个不同的阶段，分别是启动期、成长期、成熟期。

在启动期，商家面临的主要问题是没有粉丝，初始人群不确定，直播间没有稳定的场观，内容运营不成熟。在投放策略上，商家此时的首要目的是积累数据，为账号打上标签，可以先以效果广告投放为主，依靠广告流量快速圈定精准人群。通过少预算、高频次投放，测试直播间流量承接能力，根据数据反馈调整主播话术和产品组合策略，不断地提升最终的投放效果，完成账号初始阶段的"起号"工作。

在成长期，商家会拥有一定的粉丝基础，但粉丝购买产品的心智还不稳定，商家每场直播的成交量也不太稳定，此时商家目的是希望通过付费流量撬动更多的自然流量、优化模型、提升投产比。商家可以增加短视频发布数量和直播频次，培养用户看播习惯，提高粉丝黏性。在日常直播时借助效果广告精细引流，在大促阶段直播时品销结合，冲刺 GMV，并不断测试广告投放方案，提升广告引流效率。

在成熟期，商家已经有大量的粉丝沉淀，并且粉丝黏性和购买力均较强。此时商家的投放目标应转变为提升老客复购率，同时拉动新客增长，放大单场 GMV。在投放上商家可以更加合理地分配预算，由于成熟期直播间的流量承接能力较强，因此可适当提升直播间广告资源的预算占比，精准触达高转化人群，形成适合商家的精细化引流方案。商家还可以借助多种内容玩法及较强的直播把控力，去持续推动自然流量增长。

除了做好广告投放为直播间和抖音小店带来精准流量之外，还要做好流量的承接，提升广告转化率，将引流与直播节奏紧密配合，根据实时数据反馈，灵活调整投放预算，合理进行资源配比。在开播初期，商家可以通过广告投放，为直播间快速引入流量，并配合引流款、福利款产品，增强直播间吸引力。在直播中期，商家需要平衡流量和转化效果，流量引入配合利润款、引流款、福利款产品的推介，并通过粉丝券、满减优惠券、抽奖等福利进一步提升直播间人气。在直播后期，商家需要筛选之前稳定的投放计划，并配合高转化产品返场销售，来平衡整场投产比，还需要根据投放数据和产品数据的实时反馈去不断调整主播讲解的内容和产品上架节奏。

根据账号发展的不同阶段匹配不同的广告投放策略，可获得长期且稳定的流量来源，将优质产品内容推荐给更多用户。商家将流量引入与流量承接紧密配合，综合广告投放精准优势和优质内容价值，激发用户感性决策，促成购买。用户对优质内容感兴趣，会形成购买转化并沉淀为商家粉丝。

在此基础上，一方面因精准广告投放引入的流量会带来更高用户购买转化率，转化过程中的点击率等指标表现优秀的内容又会被自然推荐给更多的用户；另一方面随着商家抖音小店数据的不断累积，优质产品内容会更容易被推荐给粉丝、购买人群，流量触达会更加精准。精准的流量又会带来更大规模的用户购买转化，会有更多用户成为商家的高黏性粉丝，并形成复购。随着粉丝数量的不断增加，会撬动更多相似人群推荐，最终广告投放效果会像雪球一样滚动式提升，形成流量推荐的正循环。

8.3　直播平台推广工具介绍

8.3.1　抖音直播推广工具

字节跳动旗下的营销推广工具有巨量引擎、巨量千川、Dou+等，都具备能为账号及直播间做流量推广的功能。这些工具各自又有什么特点？下面进行具体介绍。

1. 巨量引擎

巨量引擎平台是整合了今日头条信息流广告、抖音信息流广告、巨量千川、西瓜、火山、穿山甲等媒体资源的营销服务平台，具有广告投放、数据分析、工具创意等多种功能，可实现客户对专业广告营销的诉求。巨量引擎平台主要针对 B 端客户，但凡是想要获取客户电话、线下成交的场景，都可以使用巨量引擎投放广告。比如，教培、机械加盟、生活美容、批发、家政等都属于需要获取客户线索、线下成交的业务，就比较适合用巨量引擎投放广告。

巨量引擎渠道特点如下。

（1）人群特征：受众人群广泛，在一线、二线、三线、四线城市皆有人群覆盖。

（2）渠道优势：算法成熟，用户量大，APP 日活用户高。

（3）渠道缺点：竞争性大，对账户素材要求高，小预算账户较难起量。

（4）投放建议：不限行业。

（5）渠道特点：属于高级智能渠道（通过创意和智能出价就可以让系统自动寻找到目标人群）。

巨量引擎投放的核心要素如下。

（1）主要要素：素材创意。

对于巨量引擎广告投放来说，爆款素材和创意直接影响账户起量和转化成本，所以素材和创意十分重要，想要做好巨量引擎广告投放一定要在素材上多下功夫。

（2）次要因素：账户、页面、出价、创意标签、定向方式等。

在进行巨量引擎广告投放的时候，还需要重点关注巨量引擎账户、页面、出价、创意便签、定向方式等，这些都会影响到最终的投放效果。

如图 8-7 所示为一场婚博会活动在抖音上的推广，当用户浏览到短视频时，点击短视频中的链接就会跳转到直接领取会展门票的页面（如图 8-7 右图所示）。

图 8-7　婚博会活动在抖音上的推广示意图

如图 8-8 所示为二手汽车商家通过直播介绍各种汽车型号，感兴趣的用户点击链接便可直接留下电话号码，商家的销售人员在后台可直接联系用户对接销售相关事宜。

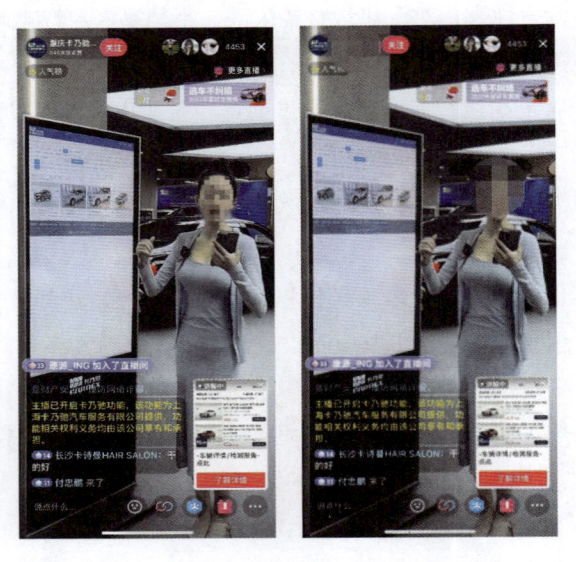

图 8-8　某二手汽车商家通过直播介绍各种汽车型号。

图 8-9 所示为电影院通过直播的方式销售电影票。

图 8-9　电影院通道直播销售电影票

以上示例均为通过巨量引擎推广平台给直播间或者短视频进行推广的案例。巨量引擎具备了线索的收集、APP、游戏推广、加盟招商等推广功能，同时也能为直播间、短视频进行引流。如图8-10所示为巨量引擎的多样化引流方式。

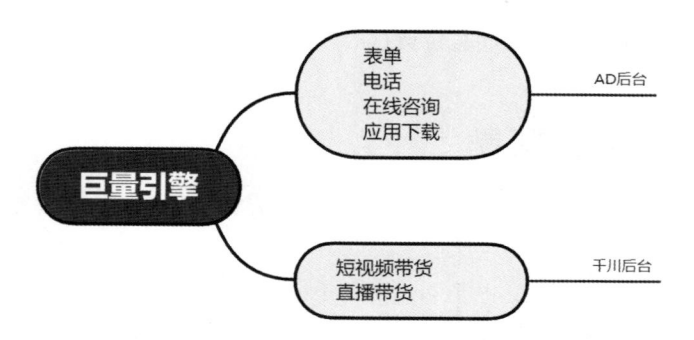

图 8-10　巨量引擎的多样化引流方式

2. 巨量千川

巨量千川是巨量引擎旗下的电商平台，主要为商家和创作者们提供抖音电商一体化营销解决方案。巨量千川融合了原有的巨量引擎和 Dou+ 两大投放场景。巨量千川分为移动端的小店随心推，以及 PC 端的极速推广和专业推广三个版本，如图 8-11 所示，商家可根据自身需求进行选择。在抖音上想要通过"小黄车"卖货的直播间，以及想要进行流量推广的短视频都需要使用这个工具。

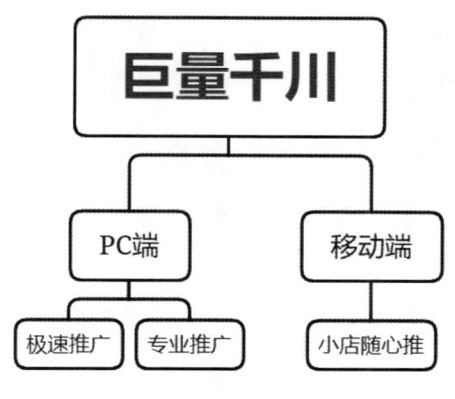

图 8-11　巨量千川三个版本

3. Dou+

Dou+是抖音为创作者提供的视频加热平台，如果想要提高直播间人气、让直播间涨粉、增加浏览量、评论数、点赞数、粉丝量，则可以用 Dou+进行广告投放，Dou+偏向"强内容弱营销"，如果短视频或者直播间有带货目的，则无法使用 Dou+进行广告投放。

8.3.2　淘宝直播推广工具

1. 推广工具简介

经过数年的发展，淘宝直播推广的工具已经更新迭代了数次，如超级互动城、万相台、超级直播等，都能为淘宝直播提供流量采买。我们以超级直播为例给大家详细地介绍一下淘宝直播推广的方法。

超级直播是一款专为淘宝主播和商家提供在直播过程中快速增加观看量和互动频次，进而促进转化的一站式直播推广工具。如图 8-12 所示为推广工具在淘宝平台内的展示资源位。

图 8-12　推广工具在淘宝平台内的展示资源位

在淘宝平台内有多个路径可以打开超级直播的推广入口，笔者在此枚举出常用的路径。

（1）淘宝主播 APP 入口

第 8 章　直播间流量推广方法

路径分别为：①淘宝直播 APP→我的工具→超级直播；②APP 推广管理→我要推广；③直播界面→分享→直播推广。

（2）淘宝 PC 端中控台

路径分别为：①我的直播-直播推广；②流量宝典→超级直播。

（3）万相台（如图 8-13 所示）

路径为：新建推广计划→内容营销→超级直播。

（4）千牛小程序

路径为：千牛 APP→我的工具→流量推广→超级直播。

图 8-13　万相台

2. 超级直播产品介绍

超级直播共有三个版本（如图 8-14 所示）：简单智能的管家版，支持精细化设置的专业版，定价保量的加油包。

（1）管家版有人气版和效果版两个模式，人气版观看成本更低（侧重于直播间人气），效果版转化效率较高（侧重于直播间产出）。

（2）专业版支持众多维度的自定义设置，为商家提供精细化运营抓手。同时，双目标投放、看点投放、时段定向、达摩盘自定义人群等进阶功能需要在专业版使用。

（3）加油包是定价保量产品，不同时期的加油包价格、档位都会有差异，主播冲榜包更加侧重效果，而品牌闪耀包更加侧重场观。建议新手商家首先使用管家版入门，然后在专业版上学习做精细化运营，最后通过加油包做好重要节点的爆发收割。

超级直播不同版本选择场景如表8-1所示。

图8-14 超级直播三个版本

表8-1 超级直播不同版本选择场景

投放场景	产品版本选择
投放新手，快速入门	管家版（效果版）/专业版（智能人群简化设置）
小众类目，精准投放	达摩盘（人群圈选）+专业版（反复调整人群）
大额预算，高效爆量	专业版（反复调整计划）+加油包（优质资源定价保量）
精细运营，全面提效	专业版（反复调整计划）

3. 查看超级直播投放数据

对数据的复盘是直播运营中必不可少的环节，当我们在评估直播推广效果时，诚然要注重投资回报率，即ROI，但直播的过程指标往往也同样重要，通过仔细分析直播过程中的数据变化情况，找到直播间的优化空间，从而优化最终的推广效果，如图8-15所示为商家应该重点关注的万相台数据维度。

图 8-15 万相台数据维度

在日常经营中，我们应该分析的直播过程指标如下。

（1）观看成本：在正常情况下该值处于 0.3~1.0 范围内。如果该值过低，则可以适当提高出价，更多地拿量。该值并不等于出价，但会和出价同方向变化。

（2）互动率、停留时长、加粉成本、进店率：反映直播间内容对流量的承接能力。参考值分别为 70%、70s、100 元/粉、20%，如果直播中的这些指标的值比参考值小太多，则应当先把直播间内容做好，采用点赞抽奖、整点抽奖、新人领券、进店领券等方式加强内容承接能力。

（3）成单率、笔单价：这两个指标会直接影响到最终的直播效果。以成交订单笔数/观看次数>1%、笔单价>50 元为参考值，若低于该水平则将导致 ROI 较低。

（4）成交金额、投资回报率：超级直播的成交金额计算方式为：用户通过超级直播广告进入直播间后，不论当时是否产生互动、加购、成交等行为，该用户在"转化效果周期"内的成交都计入成交金额（商家可在超级直播报表页面选择转化效果周期：3 天、7 天、15 天、30 天，默认为 15 天）。若该用户在购买产品之前，又点击了其他阿里妈妈产品的广告（例如直通车广告），则计入相应的广告产品成交金额，不计入超级直播成交金额。

4. 超级直播推广设置

烦琐的数据分析、复杂的推广功能着实会让新手商家对推广这件事儿打退堂鼓，这里建议大家可以通过管家版投放或者专业版简化设置两种方式快速入门。按照以下步骤创建的计划,已经能够达到非常好的效果,可满足商家的日常推广需求。

(1)超级直播管家版设置流程

如图 8-16 所示为移动端超级直播管家版订单创建页面,PC 端订单创建页面的设置项与之类似。

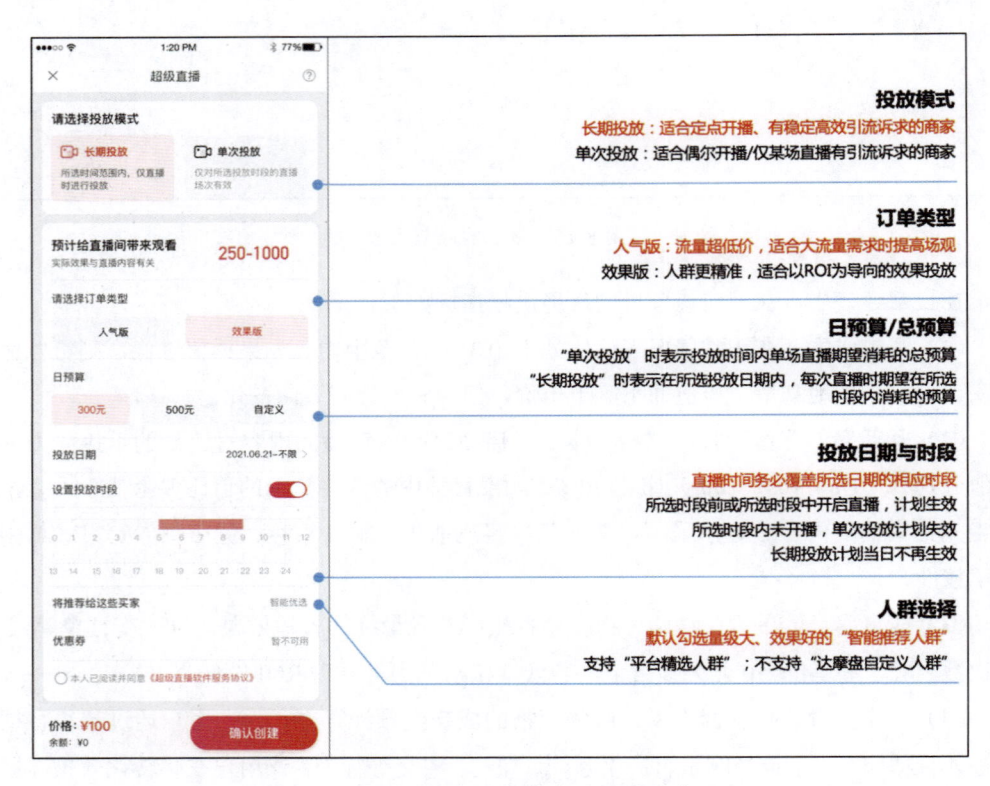

投放模式
长期投放:适合定点开播、有稳定高效引流诉求的商家
单次投放:适合偶尔开播/仅某场直播有引流诉求的商家

订单类型
人气版:流量超低价,适合大流量需求时提高场观
效果版:人群更精准,适合以ROI为导向的效果投放

日预算/总预算
"单次投放"时表示投放时间内单场直播期望消耗的总预算
"长期投放"时表示在所选投放日期内,每次直播时期望在所选时段内消耗的预算

投放日期与时段
直播时间务必覆盖所选日期的相应时段
所选时段前或所选时段中开启直播,计划生效
所选时段内未开播,单次投放计划失效
长期投放计划当日不再生效

人群选择
默认勾选量级大、效果好的"智能推荐人群"
支持"平台精选人群";不支持"达摩盘自定义人群"

图 8-16　移动端超级直播管家版订单创建页面

在创建管家版订单时,可选择人气版或效果版,前者流量更便宜,适合冲场观;后者人群更精准,适合提升转化率,如表 8-2 所示。

表 8-2　创建管家版订单,人气版和效果版对比表

	人 气 版	效 果 版
版本定位	流量超低价,最大化增加直播间场观	人群更精准,综合优化停留时长、转粉率和 ROI
适用场景	1. 直播间冷启动,提升"开播活跃度" 2. 大促节点,冲击高爆发场观	1. 新晋投手,智能优化,省时省心 2. 稳定投放,细水长流、持续优化

续表

界面示例	人气版	效果版
	预计给直播间带来观看 ? 实际效果与直播内容有关 **400-1100** 请选择订单类型 ? **人气版**　　效果版 请选择下单金额 100元　**300元**　800元	预计给直播间带来观看 ? 实际效果与直播内容有关 **300-832** 请选择订单类型 ? 人气版　　**效果版** 请选择下单金额 100元　**300元**　800元

1）打开推广入口

如图 8-17、图 8-18 和图 8-19 所示，分别为淘宝主播界面推广入口、淘宝直播界面推广入口、万相台超级直播界面推广入口。

图 8-17　淘宝主播界面推广入口

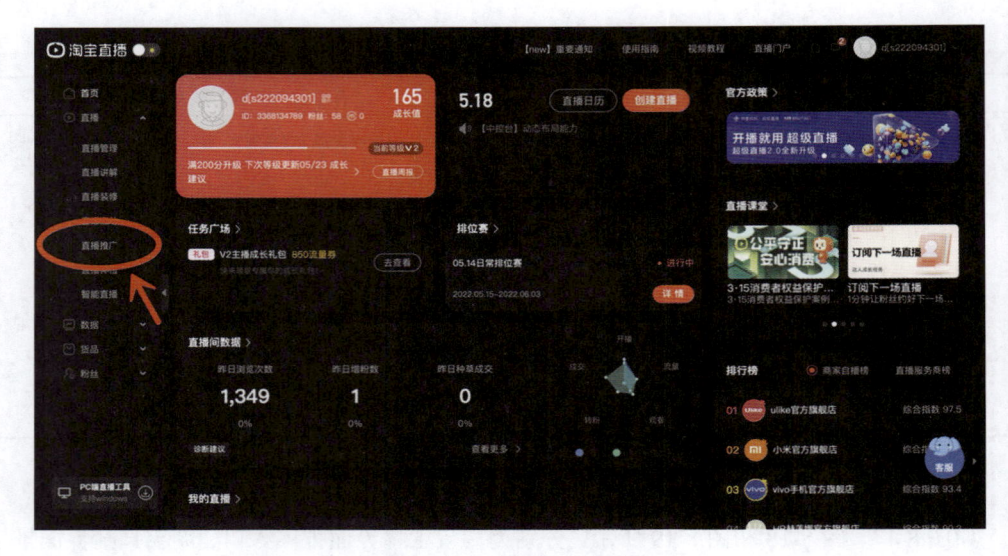

图 8-18 淘宝直播界面推广入口

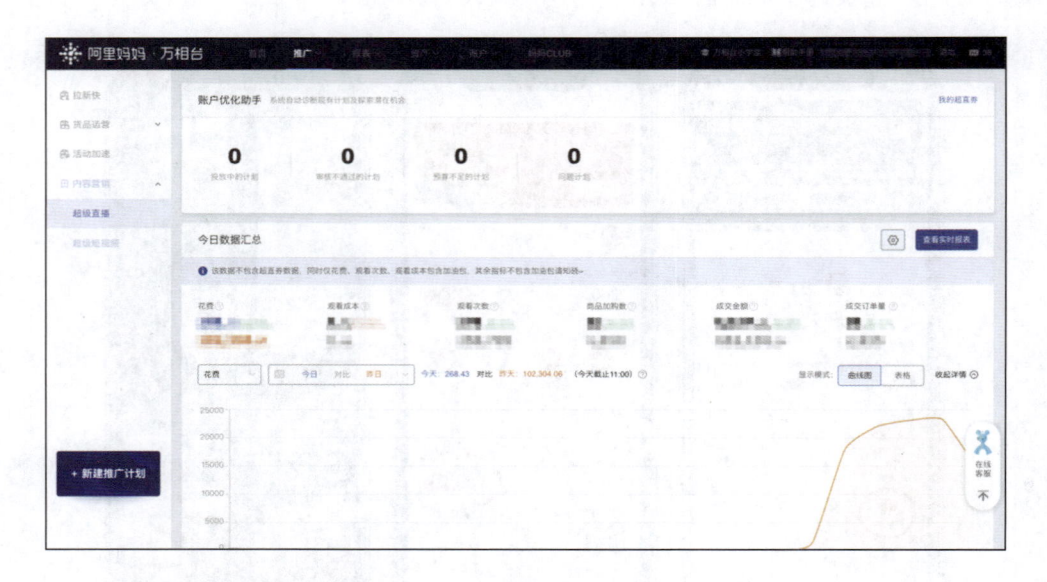

图 8-19 万相台超级直播界面推广入口

2）创建计划

①版本选择：管家版。

超级直播管家版入口如图 8-20 所示。

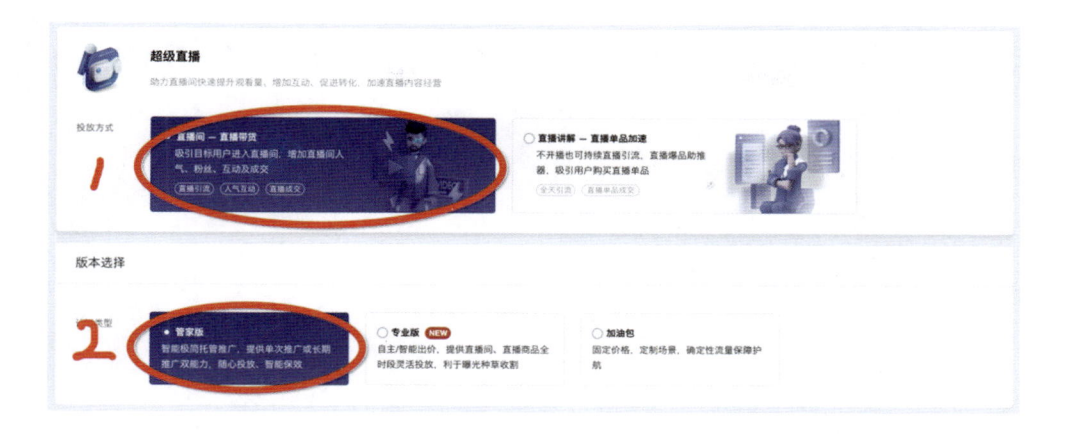

第 8 章　直播间流量推广方法 | 167

图 8-20　超级直播管家版入口

②详细设置。

- 投放模式
  - 长期投放：若有稳定的开播习惯则选择长期投放这个模式（如图 8-21 所示）。优点一：长期稳定的数据积累有利于算法优化，能够获得更好的投放效果；优点二：只需建立一次计划，每次开播就可以自动投放，能够降低运营成本。

图 8-21　长期投放模式

○ 单次投放：订单一次性生效，适合用作偶尔的流量增补（如图8-22所示）。

图8-22 单次投放模式

- 订单类型
    ○ 人气版：获得更多场观。
    ○ 效果版：获得更多成交。
- 预算
    ○ 长期投放：日预算。
    ○ 单次投放：单次订单预算。
- 时段：一定要限制时段！建议投放时间覆盖整场直播。
- 人群：建议使用智能推荐人群，订单投放人群设置如图8-23所示。

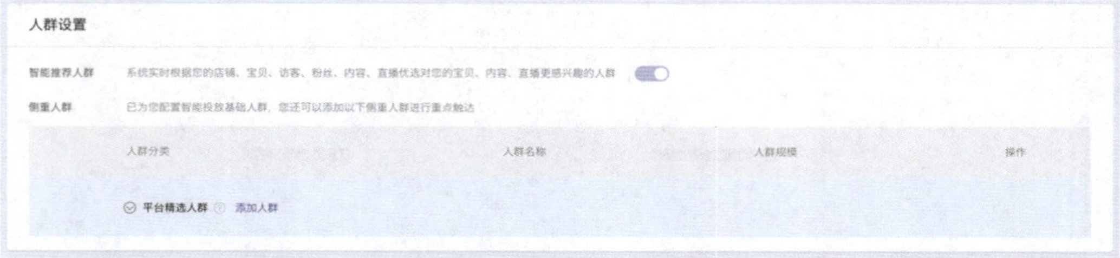

图8-23 订单投放人群设置

(2）超级直播专业版设置流程

1）超级直播专业版简要介绍

超级直播专业版是为全体商家设计的专业推广模式。商家可以使用专业版自主优化推广的方式，来提升直播间流量精准度，从而增加直播间的场观人次、评论数以及提升成交转化率等。

超级直播专业版的特点为：简单、全面、高效。

①简单。这也是超级直播一站式推广的重要特点，商家只需要简单操作即可完成计划创建与推广。

- 推广"简单"。专业版可以支持持续推广，也可以提前创建计划，甚至只需要创建一个直播计划，后续开播的直播间系统就会自动调取直播相关信息，在不改变原计划设置的情况下进行推广，省去了重复创建计划的烦琐过程。
- 出价"简单"。专业版兼顾智能出价和手动出价。如果新手商家不知道如何出价，则可以选择"最大化拿量"作为首选投放模式，系统会基于优化目标进行智能出价。如果选择"控成本投放"，即手动出价的方式，则系统有"成本保障功能"，还有系统出价建议，让投放更有保障。

②全面。无论商家进行直播间推广的营销诉求是什么，需要向哪些人群推广，在超级直播专业版上都可以得到最大化满足。

- 营销目标"全面"。商家可以在专业版上自主选择营销目标，具体包括增加观看次数、增加产品点击量、增加粉丝关注量、增加评论量和成交量。若选择不同的营销目标则可以获得该目标下极致的流量优化。
- 人群功能"全面"。专业版提供智能人群、推荐人群和自定义人群供商家自主选择。
  ○ 智能人群：平台基于商家的店铺、宝贝、访客、粉丝、内容、直播等实时计算的转化率最高的用户。用户规模及算法优选空间最大。
  ○ 推荐人群：平台基于行业直播间推荐的活跃/高购买意向/粉丝人群及账号/相似账号直播间私域人群。用户心智强，规模较大。
  ○ 自定义人群：即达摩盘人群，含达摩盘平台精选人群、自定义人群。用户规模取决于客户圈选规则，具有不确定性，优选空间有限。

③高效。超级直播专业版覆盖了"全淘系"优质的流量渠道，商家在明确直播间推广目标后，系统可自动匹配最合适的流量资源以达到最优的推广效果。

- 新的直播间推广将会保留之前的投放数据积累，帮助直播间有效度过冷启动，实现高效拿量。
- 直播推广一站式优化，超级直播专业版包含了直播域、搜索域、展示域等优质流量渠道。商家在输入优化目标和出价方式后，系统自动匹配最合适的流量资源。

2）超级直播专业版具体的设置步骤

以万相台创建超级直播专业版步骤为例。

投放目标：在管家版的增加观看次数和粉丝的基础上，新增了产品点击量和互动量两个目标。

投放日期：计划的有效时间，在这个日期跨度中，仅需创建一次计划即可覆盖每场直播的投放。

投放方式：建议选择"匀速投放"，在直播间爆发时段可选择"尽快投放"。

人群设置：可定向达摩盘圈选的人群。

①进入万相台并新建推广计划（如图 8-24 所示）。

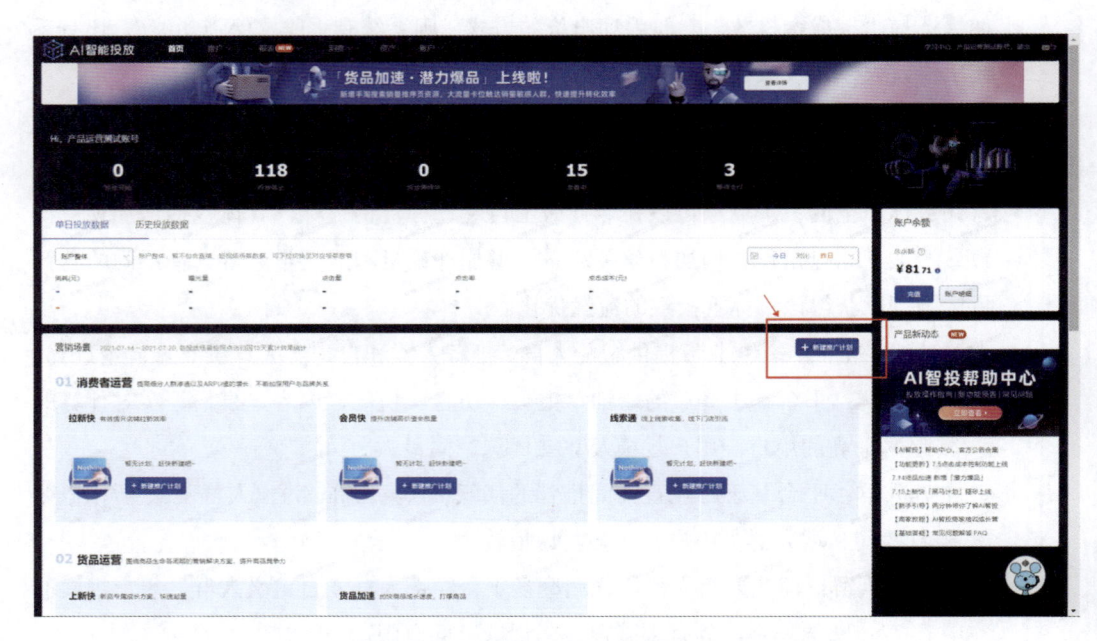

图 8-24　进入万相台并新建推广计划

②选择"超级直播"→"专业版"（分别如图 8-25 和 8-26 所示）。

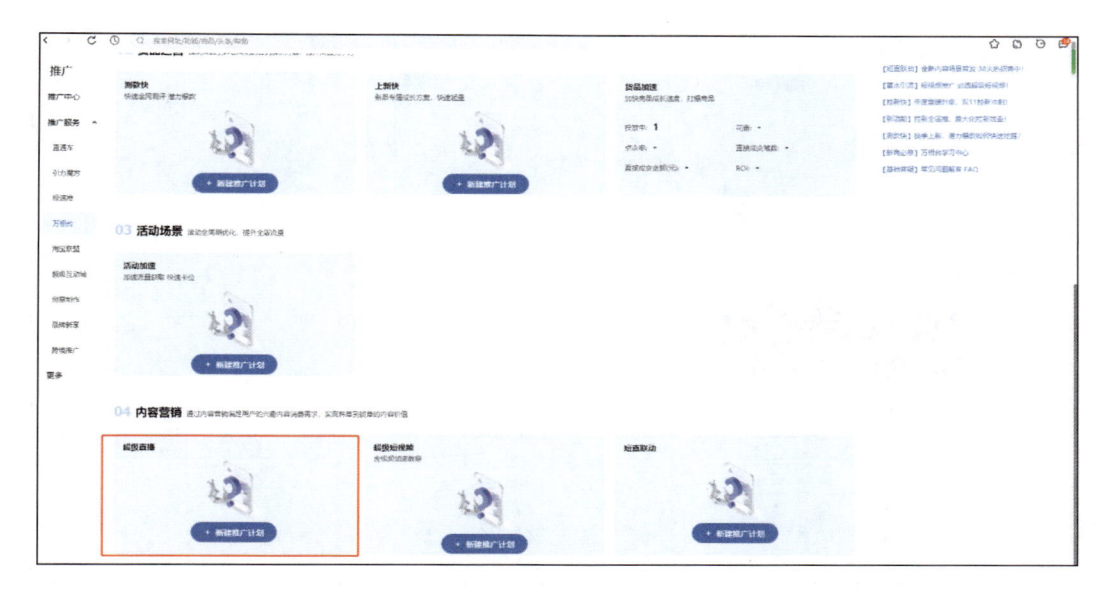

第 8 章　直播间流量推广方法 | 171

图 8-25　选择"超级直播"

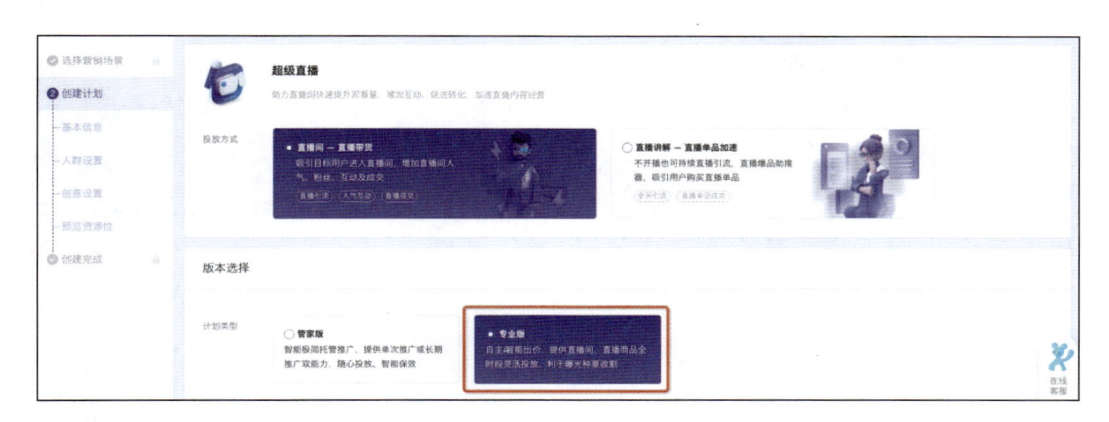

图 8-26　选择"专业版"

③完成推广设置。

- 完成基础设置（如图 8-27 所示）。

3）超级直播专业版设置细节

①选择优化目标。

- 选择增加观看次数：场观成本低，综合效果佳。
- 选择增加成交量：投产高，场观成本相对较高。

图 8-27　专业版推广基础设置

②人群圈选——精细化运营的重点领域。

进入人群设置页面，选择是否投放智能推荐人群。为保证投放效果，建议勾选此选项，如图 8-28 所示。

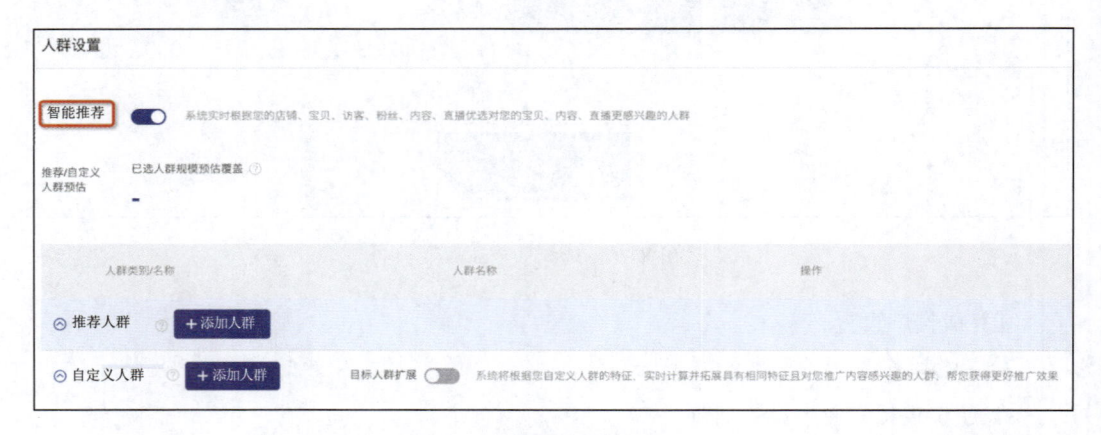

图 8-28　人群设置页面

若希望自主圈选部分人群，则点击"推荐人群"→"添加人群"，选择期望投放的"行业行为兴趣人群"或"主播行为兴趣人群",如图 8-29 所示。

- 行业行为兴趣人群:以行业为主体,圈定热门行业的直播活跃人群、直播间高购买意向人群及指定行业的直播间粉丝人群(可以跨行业选择人群,提升投放效果)。
- 主播行为兴趣人群:以本账号或相似账号为主体,个性化圈定本直播间拉新类人群、高兴趣易转化人群及相似直播间活跃人群。

图 8-29　人群圈选示意图

点击"自定义人群"→"添加人群",可选择期望投放的"平台精选"中的人群,或在"已保存人群"标签下选择"同步达摩盘人群",如图 8-30 所示为自定义人群。

选择是否需要扩展目标人群,并查看已选人群规模预估覆盖(该预估值不包含智能推荐人群)。为保障投放效率,算法会基于商家计算出最低的规模值。若商家未选择投放智能推荐人群,就务必要保证人群覆盖不少于 100 万人,否则可能无法创建计划,如图 8-31 所示为扩展目标人群。

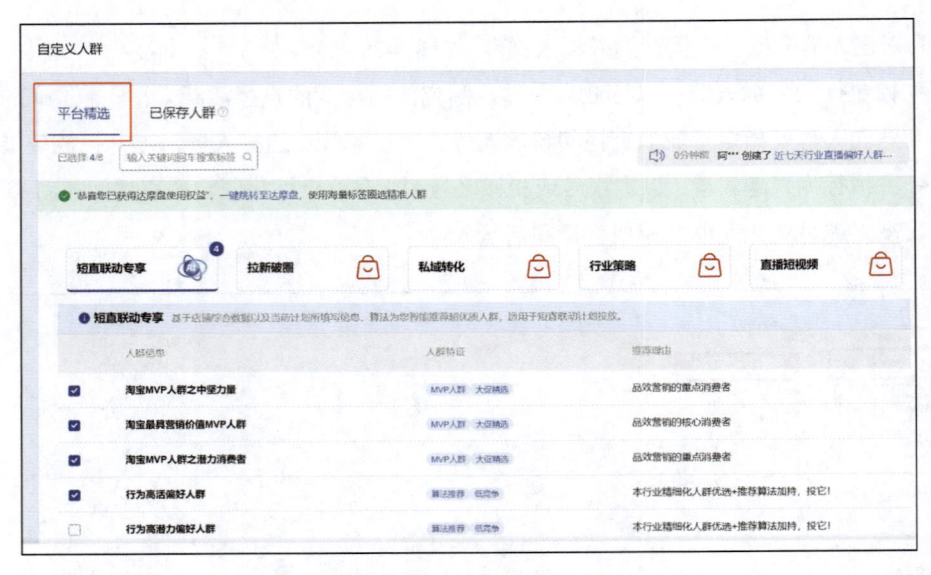

图 8-30　自定义人群

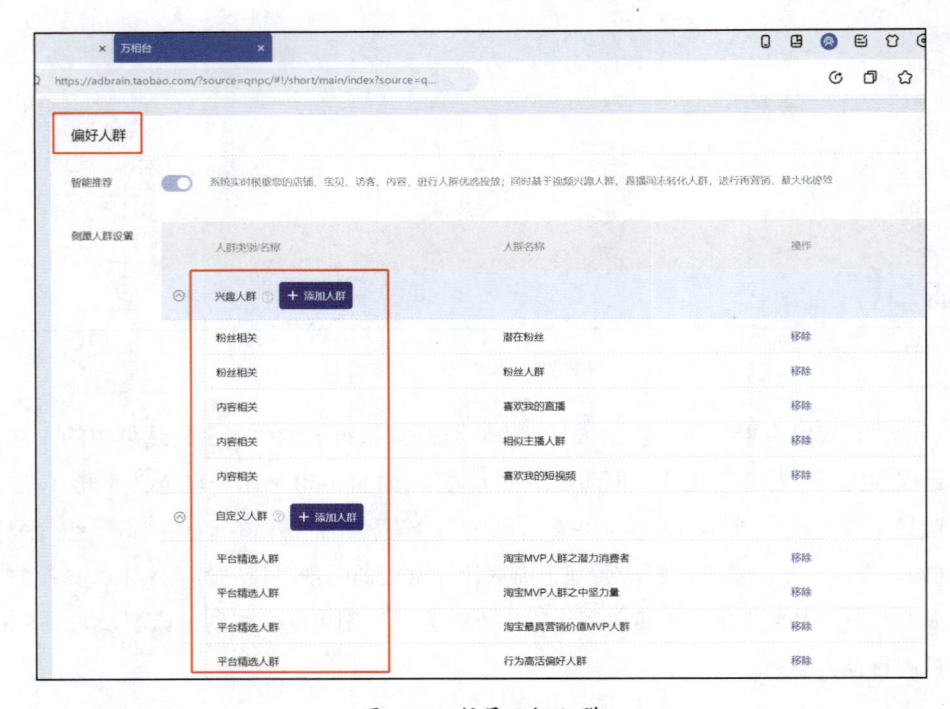

图 8-31　扩展目标人群

③进阶优化策略

现在 AI 系统已经是非常先进且智能的系统，绝大多数的平台精选人群和自定义人群效果均不及智能推荐人群，建议商家投放时勾选智能推荐人群。

人群运营的基本思路：在选择智能推荐人群的同时，勾选一些平台精选人群或者达摩盘自定义人群，以测试哪些人群量级大、效果好，将这部分人群保留下来持续溢价投放，尤其是在使用加油包时勾选使用。

在选择人群时可从以下角度入手：

- 对本类目有过浏览、搜索、收藏、加购等行为的相关人群。
- 具体到某一个产品的行为人群，例如，沙发加购未购买。
- 相关类目的人群，例如茶叶商家（食品生鲜）可圈选购买茶具的人群（家居百货）。
- 智能拓展人群，以本店或本类目成交人群做智能拓展。

切换至定向列表并下载报表，可以统计每个人群的效果，下载报表界面如图 8-32 所示。

图 8-32　下载报表界面

④出价调整

一般投放建议出价为 0.8~1.5 元，然后待算法自动竞价。

以下几种情况需要对出价进行策略调整。

- 促销节点：当遇到店铺节、品类日、大促节日等情况时，应当修改每日预算至一个更高的值，同时提高出价，确保在重要节点拿到足够的量。
- 人群溢价：对于测试效果比较好的精准人群，应当出高价保证信息触达这批用户。
- 时段溢价：一天之内流量竞争环境也在不断变化，白天时段的竞价相对没那么激烈，可以保持 0.5~1 元的出价；晚间黄金时段可提价 30% 左右，以确保竞价成功。

⑤其他技巧

- 创意优化：如果有非常优质的素材，则可以在创建计划时上传投放，从而在直播广场等位置拿到更多流量。
- 看点投放：付费推广产品讲解视频，在猜你喜欢、搜索结果等位置拿量，更高效地转化最精准的用户。
- 短直联动：为短视频添加直播组件，让用户在浏览短视频时可以直接点进直播间，从而用极其低廉的价格拿到大量场观。

本章习题

1. 名词解释

（1）抖音平台的直播 feed 是什么含义？

（2）直播推广中的 ROI 指标是指什么？

2. 选择题

（1）单选题

① 关于直播推广的说法不正确的是（　　）

A. 直播推广有助于自然流量的获取

B. 直播推广能提高直播间 GMV

C. 直播推广可以帮助商家快速冷启动

D. 直播推广能提高 ROI

② 以下对直播间流量描述不正确的是（　　）

A. 短视频流量往往都比较精准

B. 直播推荐流量的多少一般取决于直播间的数据表现

C. 付费推广流量并不是越多越好

D. 账号私域流量的介入有助于盘活直播间整体数据

③ 以下哪项不是打开超级直播投放入口的路径（　　）

A. 淘宝直播 APP B. 万象台

C. 淘宝直播 PC 端口 D. 淘宝主播 APP

（2）多选题

① 以下属于直播间自然流量范畴的是（　　）

A. 账号关注流量　　　　　　　　B. 直播推荐流量

C. Dou+流量　　　　　　　　　D. 搜索流量

② 以下工具能直接实现直播间销售目的是（　　）

A. 巨量千川　　　　　　　　　　B. 小店随心推

C. Dou+　　　　　　　　　　　D. 超级直播

3. 填空题

（1）从流量性质上区分，直播间的整体流量可以分为自然流量和_____。

（2）可以帮助抖音直播间实现直播间推广的工具有小店随心推、Dou+和_____。

（3）超级直播的版本包含专业版和_____。

4. 问答题

（1）抖音平台的自然流量来源包含哪些？

（2）抖音平台的巨量千川与Dou+的区别是什么？

第 9 章

直播间数据优化策略

9.1 直播复盘的意义

如果想做好直播，那么复盘是每一场直播结束以后必不可少的工作之一。通过复盘，我们可以发现每一场直播存在的问题，梳理出本场直播的经验和失误。比如，在直播过程中哪里犯错了，互动有什么问题，回答了粉丝的哪些问题，以及产品上架有什么问题等，并通过数据的变化情况来调整直播的整体节奏。不断地查缺补漏，改进不足，为接下来的运营战略提供更具价值的可行性方案。

很多人认为复盘就是做总结而已，事实上不尽然。复盘除了做总结以外，还为接下来的运营方向调整提供依据。以往的总结以结果为导向，关注的是取得了哪些成果并存在哪些不足。而复盘是重新演练整个直播过程，还原直播过程中的每一步，与直播的结果做对比，并从中找到问题的各种可能原因。复盘不仅可回顾主播的直播过程，还可回顾直播团队的整个工作流程。

及时复盘能让以后的每一场直播都有进步，因此要将复盘工作常态化，复盘有如下好处。

1. 提升直播工作流畅度

我们都知道，直播运用一些技巧或者套路，可以起到事半功倍的效果。而这些技巧方法不是唯一的，也不是固定的。

每个直播间都可以根据自己的特点不断摸索最适合自己的直播方式，复盘则起到了提升直播间工作流畅度的作用。

2. 改正错误，不断精进

在复盘的时候，一定会谈到这场直播中出错的地方，对出错的地方进行改正和优化，杜绝再犯同样的错误，这样每次直播就能比上一次有所进步。

3. 把从直播中获得的经验转化为能力

在直播中，如果遇到了突发情况，但是你顺利解决了，你就有了应对突发情况的经验。但经验不等于能力，通过复盘我们可以把这种经验转化为个人能力，提升解决突发情况的能力。

因此，直播间复盘是直播运营工作中非常重要的一环，一方面通过主观感受回顾问题所在，另一方面通过对数据指标层面的解读找到解决问题的方法。通过持续不断地优化产品结构，更新迭代直播场景，提升主播对产品的讲解能力，从而更好地提升直播间的运营效果。

9.2 直播间数据复盘的步骤

每个电商平台都有对应的工具为商家直播复盘提供数据支撑，如淘宝/天猫的生意参谋，抖音小店的电商罗盘等。在这些工具后台，商家能够查看维度丰富的各种数据，通过这些数据指标反映出来的问题，查缺补漏找到优化直播间的方法。我们以抖音小店的电商罗盘为例，给大家讲解在一场直播结束后如何通过数据分析工具进行直播复盘。

9.2.1 电商罗盘包含哪些直播复盘数据

电商罗盘包含的数据非常丰富，从直播到短视频，再到店铺人群画像、物流信息等，涵盖了大部分我们想要查看的数据，按照不同的维度可以将这些数据划分为以下几个板块。如图9-1所示为电商罗盘数据栏目。

核心指标：曝光-观看率、关注率、互动率、转化率、人均停留时长、GMP等各项指标。
流量数据：直播流量转化漏斗、转化效率、流量的趋势变化。
商品数据：店铺每个商品的点击率、转化率、加购率等。
人群数据：基础人群画像、核心人群、场景人群。
主播数据：主播开播时长、单小时成交金额、引流、转粉率及转化率等各项指标。

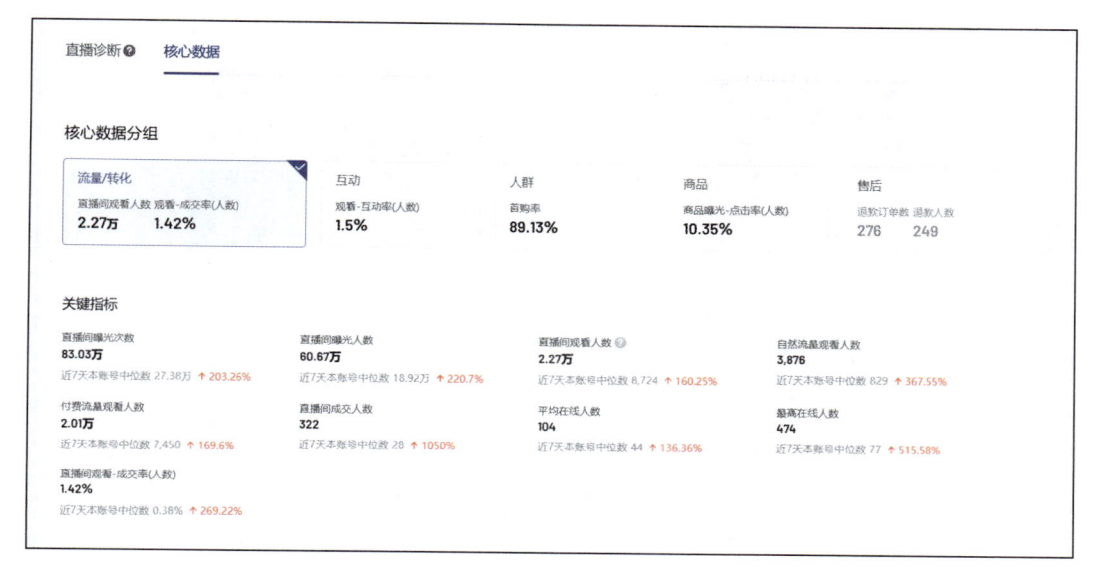

第 9 章　直播间数据优化策略　| 181

图 9-1　电商罗盘数据栏目

如图 9-2 所示，电商罗盘提供的数据分析维度非常全面。在抖音直播中有一套独特的流量诊断分析办法，官方定义为"五维四率"诊断法，即"观看点击率""商品曝光率""商品点击率""点击支付率"四个"率"的指标和"直播间曝光人数""直播间进入人数""商品曝光人数""商品点击人数""成交人数"五个"维度"。如图 9-3 所示，商家可以通过"五维四率"诊断法对比近期直播间的详细数据，发现直播间问题并及时调整，从而提升直播间的销售数据。

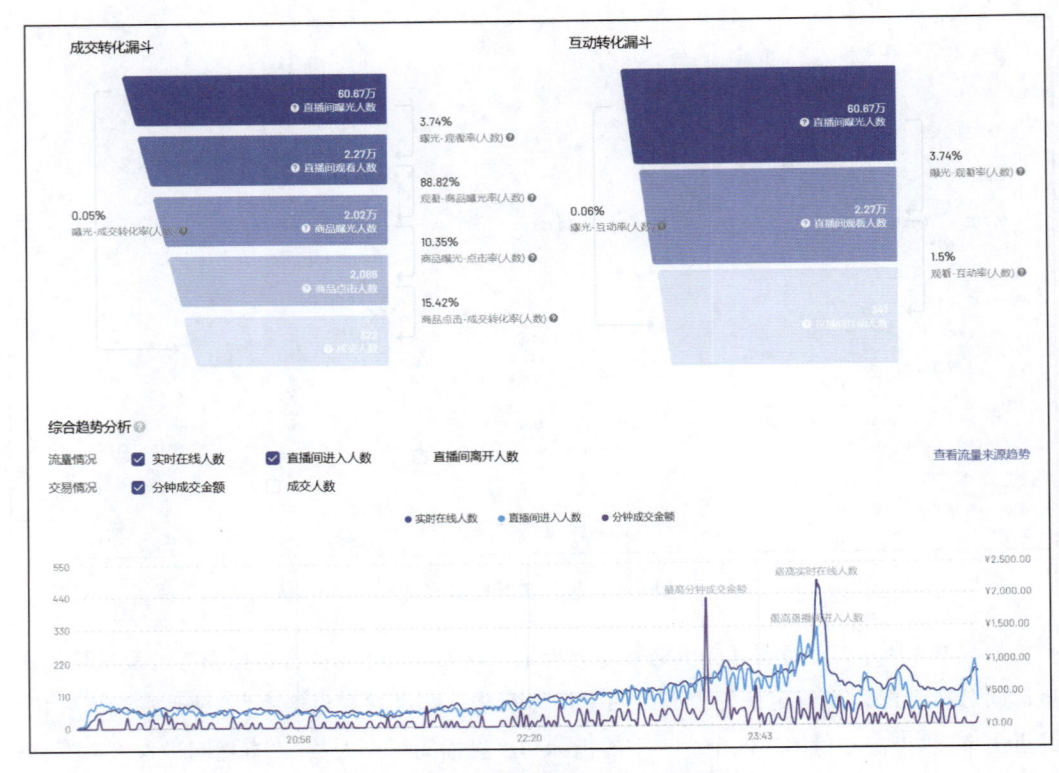

图 9-2　电商罗盘提供的数据分析维度

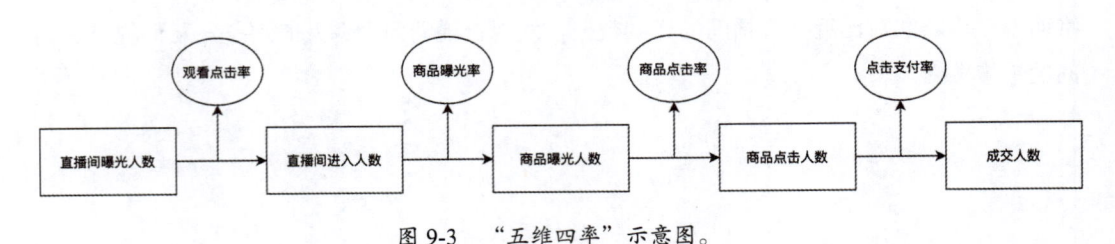

图 9-3　"五维四率"示意图。

9.2.2 "五维四率"直播诊断法

第一步：学会查看直播日报。

通过"抖音电商罗盘"→"直播"→"直播列表"→"直播详情"→"流量结构&质量

分析"这个路径，我们可以在每一场直播结束后，查看直播的"五维四率"核心数据，对比前一日、最近三天、最近七天等时间节点，直观地看出在成交转化漏斗图哪一个维度的指标数据发生了较大的起伏（如图 9-4 所示），从而针对该指标进行进一步的分析。当我们去探究每一个指标背后蕴藏着的秘密时，便可以通过数据抽丝剥茧找到直播间优化提升的可行方案。

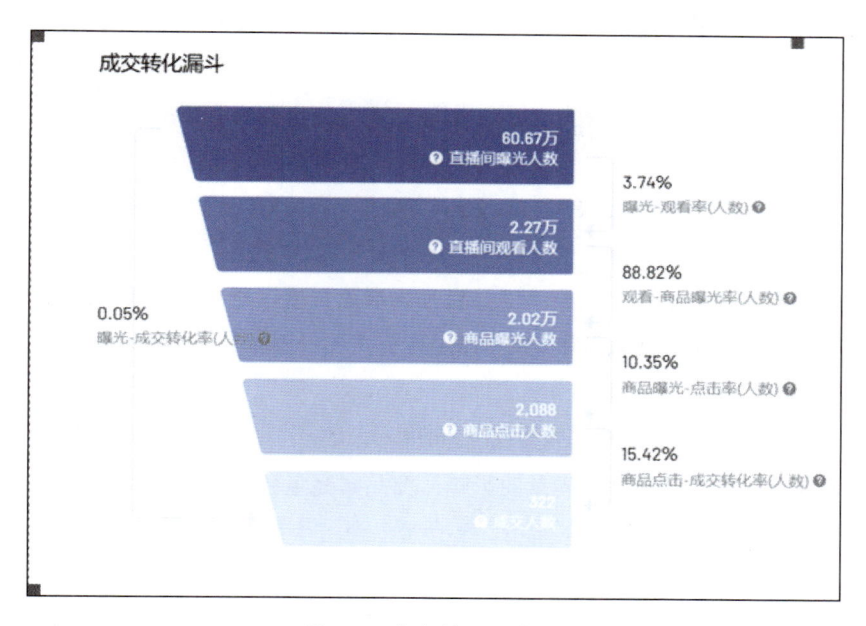

图 9-4　成交转化漏斗图

在图 9-4 中，"曝光-观看率"这一指标反映的是直播间画面吸引力，让用户感兴趣的直播间自然进入率就会高。"观看-商品曝光率"这一指标反映出直播间的商品被多少用户看到，一场直播商品数量从几个至几百个不等，各种因素都会造成这一指标出现波动。"商品曝光-点击率"这一指标则直接反映了本场直播商品对用户的吸引力，价优物美的商品点击率自然会高，当然这个指标的波动也会受到主播话术引导的影响，"商品点击-成交转化率"反映出商品本身在行业中的竞争力。

第二步：抽丝剥茧，找到归因。

在学会查看直播间数据指标以后，我们还得学会分析为什么这个指标出现了波动，在实际经营过程中某一个指标出现波动的因素多种多样，不同的直播间具体情况是不一样的，因此要结合自身实际情况，找到影响数据变化的真正因子，从而为后续的优化提供解决思路。接下来我们就具体看一下每一个指标的波动一般会有哪些因子在起作用。

1）曝光-观看率

公式：观看率=外层用户点击进入直播间的人数/直播间总展示人数

影响因素：一般来说，影响观看率的第一因素肯定是直播间的整体视觉效果，其次是直播间的氛围，除此之外，在有巨量千川投放的情况下，投放更精准的人群（即人群本身就对这类直播间感兴趣）和有效的短视频引流也会对这一数值产生影响。

优化策略：

- 优化直播间的整体视觉效果，如变化不同的直播场景，提升直播间吸引力和场景美观度，优化主播形象等。
- 校验广告投放人群与当前售卖商品目标人群重合度，避免投放端口出现投放目标人群跟实际能产生转化人群不一致的情况。

2）观看-商品曝光率

公式：商品曝光率=商品曝光人数/直播间进入人数

影响因素：主要受到商品曝光量的影响，商品曝光量包含购物车商品展示、正在讲解商品弹窗展示、商品排序等。

优化策略：

- 改进主播引导用户点击购物车的话术，提升后台"正在讲解功能"的操作频次，合理调整商品排序。

3）商品曝光-点击率

公式：点击率=商品点击人数/商品曝光人数

影响因素：主要受到商品本身的竞争力、主播的引导频次、商品图片效果等因素的影响。

优化策略：

- 提升展示商品的视觉效果。
- 提升商品主图美观度、优化标题、突出商品特色及商品利益点。
- 提升商品在行业内的竞争力，如材质面料功能升级、价格促销、优惠券的发放等。

4）商品点击-成交转化率

公式：成交转化率=商品成交人数/商品点击人数。

影响因素：主要受到商品活动价格和主播的引导话术节奏的影响。

优化策略：

- 营造直播间的紧张抢购氛围。
- 助播/评论区客服对用户提出的问题进行充分解答，让用户应知尽知，充分了解商品。

通过以上步骤，我们便可以从数据中窥探出直播过程中可能存在的问题，结合自身实际情况制定出一套可行的优化方案并运用到下一场直播中。在不断地总结复盘，实施优化策略之后，相信各位商家都有进步。

9.3 淘宝直播数据复盘的"四表评定法"

"四表评定法"是笔者在为商家做直播孵化过程中总结出四张表格，并使用这四张表格提升店铺运营的方法。

这四张表格分别是：直播运营数据表、竞店对比数据表、时段运营数据表和商品运营数据表。

每一张表格所承载的核心数据都有所不同，但是每一张表格都可以对应输出商家所需要的核心结果，可以说，商家只要掌握了这四张表格，就可以实时触摸店铺直播运营的"脉搏"。

要想找到淘宝直播的各项数据，建议商家先下载一个数据辅助工具：阿明工具。这是一款常用的数据插件，也是生意参谋的辅助工具。在使用这个插件后，可以将生意参谋中的指数数据直接转换成成交量、转化率等数据，使运营更加直观。

以下所讲述的表格中的大部分的数据都需要通过阿明工具来辅助获取，各位读者可以提前安装到位。

9.3.1 直播运营数据表

直播运营数据表是店铺直播间管理的一张基础表格，如表 9-1 所示，它是用来了解当日直播概况，梳理基础运营数据的表格。这张表格中的数据有通过生意参谋获取的，有通过阿明工具插件得来的，还有需要商家通过公式计算得出的。

表 9-1　直播运营数据表

项目	店铺销售额	直播销售额	店铺转化率	直播转化率	直播渗透率	店铺访问人数	直播访问人数	直播访客占比	直播支付人数	直播客单价	直播UV价值
抓取路径	生意参谋-竞争-竞店分析-关键指标对比（需下载阿明工具）	生意参谋-竞争-竞店分析-入店来源（需下载阿明工具）	生意参谋-竞争-竞店分析-关键指标对比（需下载阿明工具）	生意参谋-竞争-竞店分析-入店来源（需下载阿明工具）	直播间销售额/店铺销售额×100%	生意参谋-竞争-竞店分析-关键指标对比（需下载阿明工具）	生意参谋-竞争-竞店分析-入店来源（需下载阿明工具）	直播间访客/店铺访客×100%	生意参谋-竞争-竞店分析-入店来源（需下载阿明工具）	生意参谋-竞争-竞店分析-入店来源（需下载阿明工具）	生意参谋-竞争-竞店分析-入店来源（需下载阿明工具）

其中有以下几个数据需要重点关注。

（1）直播转化率

直播转化率数据可与店铺转化率横向对比，一般来说直播转化率会高于店铺转化率，直播转化率越高，说明直播的效果越好。有一些优秀商家，直播转化率可达到店铺转化率的 2~3 倍，这就说明该直播间带货能力非常强。

（2）直播渗透率

直播渗透率即直播间销售额占店铺销售额的百分比，公式为：直播间销售额/店铺销售额×100%。

这项数据可以看出直播间销售额在全店销售额的占比，它侧面反映出了一家店铺直播间的重要程度，渗透率越高，直播对于店铺来说越重要。

这项占比并没有统一的优秀评定标准，比如珠宝店铺的直播渗透率或可达到 80%~90%，但是普通的服饰类店铺在 10%~20% 左右。

根据淘宝直播现状，目前有些店铺已经成功转型成直播店。如果一个店铺的渗透率在 50% 以上，直播的销售额已经可以和店铺销售额相当，那么我们就可以理解成，这家店铺一半的销售额都是由直播带来的。所以，直播间的用户和产品就需要商家重点关注，甚至给予一定的资源倾斜。

一家店铺的直播渗透率的高低没有绝对的好与坏，只要在运营过程中保持直播渗透率稳定、健康即可，但是因为考虑到直播能带来的粉丝沉淀和品牌曝光效应，所以商家如果能达到该类目的平均渗透率，就算是比较优秀了。

此外，直播渗透率也可以与竞品做横向对比，学习竞品店铺优秀的营销策划，也可推测淘宝大盘趋势对直播的影响。比如，某店铺直播在 2018—2019 年，直播渗透率从 3%提升到 30%，其中飞跃式的数据提升靠的不仅仅是直播内容运营的优化，还有整个社会环境对直播购物的认可，平台官方对店铺直播的扶持，以及用户购物习惯的变更等各种因素。

（3）直播访客占比

这项数据等同于评定一家线下店铺的"人流量"，公式为：直播访客占比=直播间访客/店铺访客×100%，这项数据可以看出每天店铺访客中有多少是直播间导入进来的，如果直播访客占比较低，则说明直播间的私域与公域曝光度还不够，无法吸引更多的用户通过直播进行下单购买。

商家可以考虑提升店铺私域中的直播间存在感，通过微淘页面和客服的话术等主动为直播间引流，同时也可以增加超级推荐等拉新工具的投放，引流更多的精准人群进直播。

（4）直播 UV 价值

UV 价值是综合衡量点击量和转化率的数据，也是衡量直播间运营成果的综合指标，UV 价值越高，说明直播的成效越好，同时说明直播间商业价值越高。UV 价值也受店铺活动和直播活动的影响，是衡量不同时段主播的商业价值的重要数据。

9.3.2 竞店对比数据表

竞店对比数据表是根据上文中的直播运营数据表发散的衍生版本数据表，各项数据的排列和来源不改变。我们使用阿明工具可捕捉到相关竞品店铺的数据，罗列竞品数据进行对比（如表 9-2 所示）。

表 9-2　竞店对比数据表

店铺名	项目	店铺销售额	直播销售额	店铺转化率	直播转化率	直播渗透率	店铺访问人数	直播访问人数	直播访客占比	直播支付人数	直播客单价	直播UV价值	店铺营销玩法
店铺A	抓取路径	生意参谋-竞争-竞店分析-关键指标对比（需下载阿明工具）	生意参谋-竞争-竞店分析-入店来源（需下载阿明工具）	生意参谋-竞争-竞店分析-关键指标对比（需下载阿明工具）	生意参谋-竞争-竞店分析-入店来源（需下载阿明工具）	直播间销售额/店铺销售额×100%	生意参谋-竞争-竞店分析-关键指标对比（需下载阿明工具）	生意参谋-竞争-竞店分析-入店来源（需下载阿明工具）	直播间访客/店铺访客×100%	生意参谋-竞争-竞店分析-入店来源（需下载阿明工具）	生意参谋-竞争-竞店分析-入店来源（需下载阿明工具）	生意参谋-竞争-竞店分析-入店来源（需下载阿明工具）	店铺的营销玩法 秒杀 优惠券 点赞券
店铺B	抓取路径	生意参谋-竞争-竞店分析-关键指标对比（需下载阿明工具）	生意参谋-竞争-竞店分析-入店来源（需下载阿明工具）	生意参谋-竞争-竞店分析-关键指标对比（需下载阿明工具）	生意参谋-竞争-竞店分析-入店来源（需下载阿明工具）	直播间销售额/店铺销售额×100%	生意参谋-竞争-竞店分析-关键指标对比（需下载阿明工具）	生意参谋-竞争-竞店分析-入店来源（需下载阿明工具）	直播间访管路/店铺访客×100%	生意参谋-竞争-竞店分析-入店来源（需下载阿明工具）	生意参谋-竞争-竞店分析-入店来源（需下载阿明工具）	生意参谋-竞争-竞店分析-入店来源（需下载阿明工具）	店铺的营销玩法 秒杀 优惠券 点赞券
店铺C	抓取路径	生意参谋-竞争-竞店分析-关键指标对比（需下载阿明工具）	生意参谋-竞争-竞店分析-入店来源（需下载阿明工具）	生意参谋-竞争-竞店分析-关键指标对比（需下载阿明工具）	生意参谋-竞争-竞店分析-入店来源（需下载阿明工具）	直播间销售额/店铺销售额×100%	生意参谋-竞争-竞店分析-关键指标对比（需下载阿明工具）	生意参谋-竞争-竞店分析-入店来源（需下载阿明工具）	直播间访客/店铺访客×100%	生意参谋-竞争-竞店分析-入店来源（需下载阿明工具）	生意参谋-竞争-竞店分析-入店来源（需下载阿明工具）	生意参谋-竞争-竞店分析-入店来源（需下载阿明工具）	店铺的营销玩法 秒杀 优惠券 点赞券

与直播运营数据表相比唯一的区别是，在表格的最后一项中，需要呈现出自己店铺和竞品店铺的营销玩法对比。运营可以前往竞品店铺的直播间记录下其当天的营销活动，对应数据和玩法一起看，方可建立相应关联。比如从对方的高转化数据，联系到营销玩法中是否有促进转化的优惠券或活动方案，有针对性地进行效仿和学习。

9.3.3　时段运营数据表

时段运营数据表是一张满足商家精细化运营的表格，如表 9-3 所示。

表9-3 时段运营数据表

项目	店铺销售额	直播销售额	直播渗透率	直播转化率	直播访问人数	每小时直播访问人数	每小时直播支付金额	直播客单价	直播UV价值	增粉数
抓取路径	生意参谋-交易-交易概况-支付金额	生意参谋-流量-店铺来源-手淘淘宝直播趋势	直播销售额/店铺销售额	生意参谋-流量-店铺来源-手淘淘宝直播趋势	生意参谋-竞争-竞店分析-入店来源-趋势	直播访问人数/直播时长	直播销售额/直播时长	直播销售额/支付人数	直播销售额/访客人数	直播中控台-察看历史数据

时段运营数据表的作用有以下两个。

第一，掌握时段运营的趋势。这张表中可以展现出每个时间段销售额的浮动情况，商家可以更加了解自己用户的习惯，针对用户的需求，设置不同的促销活动。

这张表格里可以呈现出店铺热销时间段和冷门时间段。针对冷门时间段，可以加大促销力度或设置时段秒杀单品，继续提升转化率。

第二，适用于直播时间较长和有多位主播的直播间。如某店铺一天直播时长是12个小时，一共由4位主播分别承接不同的时间段完成，那么通过本表格，可以清楚直观地看到每一个主播在自己时间段的转化数据和UV价值。转化数据可以侧面反映不同主播的带货能力，UV价值则是他们直播成果的最好展现，UV价值越高，说明该主播的带货能力越强。商家可以针对长期拥有高转化率和高UV价值的主播提供一些激励政策，提高主播的积极性。

9.3.4 商品运营数据表

商品运营数据表与产品息息相关，是管理直播间产品销售和转化数据的一张表格，如表9-4所示。直播间的单品销售能力如何，基本展示在这张表格中，根据第4章直播间产品管理中我们提出的要求，商家对自己直播间的产品要完成一定频率的更迭，如何更迭？依据在哪里？在这张表格中就可以得出答案。

在这张表格里可以看出直播间产品的各项数据，比如产品的访客数，即用户通过直播间对产品进行点击访问的数量，产品的支付金额和产品的支付转化率，这些都属于产品的"数据标签"。在每一场直播中，产品的表现力都有所不同，商家可以根据这张表格确定下一场直播时是否还选择这款产品。

表 9-4　商品运营数据表

项目	访客数	支付金额	支付件数	支付买家数	支付转化率	直播销售占比
抓取路径	生意参谋-流量-店铺来源-手淘淘宝直播-商品效果	生意参谋-流量-店铺来源-手淘淘宝直播-商品效果	生意参谋-流量-店铺来源-手淘淘宝直播-商品效果	生意参谋-流量-店铺来源-手淘淘宝直播-商品效果	生意参谋-流量-店铺来源-手淘淘宝直播-商品效果	产品销售额/总销售额×100%

9.4　如何完成业务的复盘与总结

9.4.1　日报

对于直播运营工作，我们一直要求运营专员能够完成每日直播数据的统计和汇报，并且将以上四张表格的统计数据统一发布给所有直播运营、店铺运营、商品管理团队和客服团队，做到企业内部信息共享。

直播是一个"牵一发而动全身"的业务线，所以让每一个环节上的人员都能够知道直播的进展，才能够方便企业内部更好地配合业务开展。

日报一般在直播下播后的次日上午进行统计，统计好日报后以邮件形式发送给每一个环节上的人员，并辅以一定的文字分析。针对每一张表格中的核心数据和优化办法，运营人员需要提供解决方案，如使用秒杀和买赠的方式提升转化率，以及使用优化直播间主图的形式提升点击率等。

9.4.2　周报

在周报数据中，应更加侧重于周度直播发展趋势的展现，一般以周一到周日为一个复盘的周期，观察数据的发展状况是否健康和良好。

在每周数据复盘结束后，应加强关注商品数据运营表，因为每周的产品表现都有所不同，商家可以根据此表格进行第二周的产品迭代工作。

除了以上提到的四张表格，周报中还有一项工作内容需要独立呈现出来，即运营对下周的活动策划内容，需要提供一定的内容展现，一周直播活动策划表如表9-5所示。

表 9-5　一周直播活动策划表

直播专场活动主题更新			
活动名称： 爆品日 **主推货品** 爆畅款	**活动名称：** 品牌特卖日 **主推货品** 平销款	**活动名称：** 上新日 **主推货品** 新款	**活动名称：** 会员日 **主推货品** 全品类
活动模式： 套餐搭配/多件多折+折扣/满赠	**活动模式：** 满减/满赠+抽折扣+拍后返	**活动模式：** 新品发布专场+新品折扣+赠品	**活动模式：** 粉丝等级入会红包+红包雨+赠品
具体玩法： 1. 开播上架 2. 套餐搭配：买爆款+直播间任意其他款式，享受单件9折优惠 3. 满赠：活动当天实付款大于299元，送浴帽；实付款大于499元，送运动双肩包 4. 购买爆款产品可参与当天整点抽奖活动（抽奖内容每周不定）	**具体玩法：** 1. 平销款购买满×××，减免×元/送××× 2. 直播间定时抽赠品，烘托直播氛围 3. 当天购买产品可参与抽奖和享受折扣	**具体玩法：** 1. 新品定时上架，配合主播讲解，讲一款上一款 2. 邀请研发专业人员讲解服装设计理念 3. 新品上架，限时折扣优惠，之后减少优惠 4. 买新品就送赠品	**具体玩法：** 1. 新/铁/钻/挚爱粉入会购买返不同额度的红包 2. 当天入群晚上定时发送红包雨 3. 新入会领赠品/10元无门槛红包

在直播精细化运营的过程中，商家为了能够给用户带来更多的新鲜感，一周里每一天的活动都可以进行一定的玩法创新，比如周一是爆品日，周二是品牌特卖日等。

想要做好这样的活动策划，首先需要了解到行业和类目正在进行怎样的玩法，将打榜、大促等平台重要活动安排进一周的日程中，优先满足平台玩法。然后针对空白的时间段，安排进商家自运营的活动策划，比如会员日、老客日等可以通过自己的内容触达完成的活动运营。这样每天都有新活动，都有不同的产品吸引用户，能让直播间的用户保持高度的参与感，久而久之，用户的回访率和复购率便会有所提升，内容的丰富程度带动直播成效，"播品牌"也可在丰满的活动策划中逐渐完善，带动品牌升级。

9.4.3 月报

　　店铺直播每月一次的重点复盘，成果就展现在月报中。月报数据中的重点是通过将"四表评定法"中的四张表格数据进行总结、合并和计算，统计出每月的数据进行汇报展现。一般以表格加 PPT 的形式进行展现，表格用来提供数据，PPT 则用图的形式体现出一个月时间内转化率等各项数据的表现。

　　在月报数据中，商家不仅需要测评四张表格中所体现的数据，还应该横向对比，与自己过往的月报数据进行对比。观测每月的直播渗透率是否有所提升，行业趋势是否对直播有所助力，以及直播的转化率是否比上月有所提高，如果转化率没有提高，则在下月中设计更多有利于转化的活动，带动销售额提升。

　　月报也是主播薪资变化的依据，根据我们的管理经验，每个月会计算出每个主播的销售额、转粉率和转化率。在综合评定中，以上三项数据各自占据 1/3 的综合分，可由这三项数据考评主播的带货能力，对主播进行绩效和薪资的增减，灵活管理主播人员，以奖励形式刺激主播在下月工作中逐步增强带货能力。

本章习题

1. 名词解释

　　（1）抖音直播用到"五维四率"诊断，"四率"分别是什么？

　　（2）直播间成交转化率的计算公式是什么？

　　（3）直播间 UV 价值是什么含义？

2. 选择题

　　（1）单选题

　　① 关于直播数据复盘说法不正确的是（　　）

　　A. 能为接下来的运营方向调整提供依据

第 9 章 直播间数据优化策略 | 193

B. 直播复盘应该是每日进行的工作

C. 使用平台工具可以一键得出优化策略

D. 能帮助团队提升运营能力

② 当直播间"商品曝光-点击率"这一指标下降时，属于错误的优化动作是（　　）

A. 优化直播间商品活动机制

B. 加大巨量千川投放力度

C. 优化商品主图

D. 加强主播话术引导

③ 当直播间"曝光-观看率"这一指标下降时，属于错误的优化动作是（　　）

A. 利用巨量千川投放精准人群

B. 优化主播状态

C. 提升直播间氛围

D. 优化直播间商品排序

（2）多选题

① 抖音电商罗盘包含哪些数据？（　　）

A. 商品数据

B. 人群数据

C. 直播数据

D. 短视频数据

② 影响直播间"商品点击-成交转化率"的因素有（　　）

A. 商品价格

B. 商品销量

C. 主播对商品的讲解

D. 商品正在讲解中的功能使用

3. 填空题

（1）"五维四率"中的五个维度分别是指："直播间曝光人数""直播间进入人数""商品曝光人数"_____"成交人数"五个"维度"。

（2）抖音电商罗盘人群数据包含：基础人群画像、核心人群、_____。

（3）观看率=外层用户点击进入直播间的人数/_____。

4. 问答题

（1）在直播数据中哪些指标可以反映主播的能力？

（2）在分析直播数据时应关注的核心指标一般是什么？

第 10 章

店铺直播的未来趋势观

10.1　5G 网络给直播行业带来的发展机遇

还记得我们曾经经历过的 4G 时代吗？

众所周知，从 3G 网络到 4G 网络，互联网的世界发生了翻天覆地的变化。但是今天我们努力在生活环境里寻找 4G 网络所创造的奇迹的时候，会突然愕然，因为它在身边如此熟悉，我们竟然没有察觉到它是怎么样进步到今天的样子的。正是因为科技发展速度快，所以身在"速度里"同步生长的我们会忽略这样的"相对运动"。

不妨让笔者来提醒一下，在 4G 网络环境中，打车软件让我们能够快速地约车并实时跟进行车的线路；有一个四方形的小东西叫作付款码，它几乎代替了生活中现金的存在，我们只需带着手机出门，就能满足所有的购物需求；我们可以使用微信给朋友打电话，每个月免费的通话时长几乎用不完；我们爱短视频胜过图文，休憩时间会开着抖音、快手刷刷刷……

这些都是发生在拥有 4G 网络的生活中真实的案例。

那么，从目前对信息的掌握来看，5G 网络有可能会给直播行业带来哪些实质性的变革呢？

1. 5G 网络让直播高清又高速

拥有了 4G 网络的我们，能够实时查询到呼叫的网约车开到了哪里，外卖员距离我们还有多少千米等，高速的网络环境带来实时的速度追踪，4G 的网络环境已经让我们可以很好地享受高效的生活状态。按照目前已知理论数据，5G 网络传输速度可以比 4G 网络传输速度快 10 倍以上，最快可达 1GB/s。

从实际使用的体验感上来说，使用 5G 网络下载一部 1GB 大小的高清影片仅仅需要 10s 就可以下载完成，这是 5G 网络从速度层面带来的质的飞跃。

在 5G 的网络环境中可以实现超高清画质的传输。在移动互联网上浏览海量图片时，平面的图片一旦不清晰，用户就可以用指尖完成对图片的放大、缩小，从而看到图片的精致细节。如果是高清图片，那么甚至可以看到极致细微的画面。

看过直播的用户都知道，目前淘宝直播是无法实现像平面图片那样的画面放大、缩小功能的。直播只有实时的画面,要想实现对直播画面的放大、缩小,首先对直播的器材有所要求,商家需要一个能够满足 4K 级别分辨率的摄像头,其次,只有淘宝后台的操控人员,才能让直播画面实现放大、缩小,比如主播在讲解眼影产品的时候,后台工作人员只需要放大特写的画面,就能实现画面的放大与缩小,如图 10-1 所示。

图 10-1 直播间画面的放大与缩小

这样操控镜头能够让用户将产品看得更加清楚,只可惜这样的操作掌握在镜头后的直播间里,并不掌握在用户的手中。但是当我们拥有了 5G 网络,高清直播间就如同电视台的高清频道一般,让用户拥有更好的视觉体验,用户便可以自己对着直播画面有效地放大、缩小产品,与产品"近距离接触"。这一功能如果在美妆行业、珠宝行业普及开来,那么想必会给用户更好的购物体验,提升用户选择的精准度。

2. 5G 网络让直播更垂直

用户与网络联通有两种方式:手机网络与 Wi-Fi。

Wi-Fi:无线路由器连接网线,发射无线网,手机连接上无线网以后能够拥有更稳定的网络环境。目前大部分的商家直播，对 Wi-Fi 还有依赖性。如果主播在户外直播时使用 4G 网络直播，则有可能带来网速的卡顿和画质的模糊，连接上 Wi-Fi 会更加稳定。

这一问题影响到部分商家的直播体验，比如生鲜商家，想要走出直播间，来到果园探访原产地，这一内容想必更能吸引用户，但是网络环境却影响着直播效果，让很多主播没有走出去播的勇气。

一旦将 5G 网络商用，就会带来更加高效的网络环境，届时 Wi-Fi 存在的必要性将被大大降低。5G 网络能提供稳定的直播环境，直播内容会更加丰富。同时直播也会变得更加碎片化，比如地铁广告、楼宇广告等深入线下用户群的广告，只要有 5G 网络，一方屏幕就可以成为直播的大舞台，不论我们的用户走到哪里，都能够看到丰富的直播内容。

曾经有一个商家经营水产生意，开了一家销售水产的淘宝店铺，为了保证产品质量，商家希望用户既能够看到前台主播的产品介绍和烹饪教学，也能够看到自己的发货质检系统，让用户只需要在直播间一键切换镜头，就能看到前台和后场。这样针对服务链的直播更能够让用户对商家建立信心。但是很可惜，目前系统并不能满足他的需求。只有在 5G 网络普及后，对淘宝直播的系统进行再开发，用户才有可能在直播间完成一键切换，看到不同的直播场景。

目前，如果商家想要通过这样的方式去展现服务链路，则可以在直播间植入产品上下游的视频。在直播间实现视频和直播内容同时存在，可满足商家对内容的展现，同时为用户展示更多信息。

10.2　全民带货进行时

从 2019 年开始，有不少高校在电子商务专业中加入了主播技能培养的选修课程，主播也已经成为一个比较寻常的职位了。

全民带货时代的开启让直播能够更加下沉，这让不论是公域性质还是私域性质的带货，都成为了可能。直播体系化不断完善，各平台开始围绕着直播的各项功能进行开发，比如目前运营私域的用户开始使用爱逛系统做直播。如果微信系统也开发出围绕着直播的各项功能，那么就会出现人人皆可成主播、人人皆可带货的局面。

要想实现人人带货，第一需要解决货源问题，第二需要解决网络平台作为销售主体的主播信誉度的问题，以避免用户在购买后，产生产品质量问题而无处追溯的情况。

其实现在的达人主播的直播形式就能实现"无囤货直播"，达人主播本身是不承载货源的，达人主播成熟的招商体系让商家能够对接到用户，实现货找人的传输系统，满足达人主播直播的供货需求。

如果组织策划一场在线的大型选品会，那么不论是商家还是带货的主播，都能够从中获益，完成选品和销售的在线流程。

假设有一场现实中的交易会议，能够聚集所有的商家和销售主播，主播可以一边直播，一边通过对各个展台的浏览现场挂链接销售，边订货、边直播、边卖货，这样就能够完成三方受益。

主播的信誉度问题也很重要，网络体系和区块链的发展使得我们有机会拥有一个更加健全的数据库。数据能够打通每一位主播的用户画像分析，并且能够查看到该主播带货的效果，商家通过对用户画像的精准程度和主播带货的转化率数据进行分析，来判断出主播的带货能力。

用户则更需要这样的功能，畅想未来每一个主播的背后都自带一个评分系统，用户的评价、商家的评价和供应链的评价，都可以在该系统里实时展现出来。比如主播销售的产品是否存在大规模的差评，是否有过高的退货率数据；这位主播是否是一位值得用户信任的主播，其选品是否能满足用户的真正需求，是否存在假冒伪劣产品的销售记录等。更完善的数据能带来更好的信誉度，为用户的选择建立了重要的消费保障。

以前不论是商家还是主播，想要带货都得有一个销售的平台，比如可以选择在不同的平台上开一家自己的小店，再将图文详情页和直播形式嫁接在平台上。但是如果我们有了独立的个人带货平台，一步可跨过平台主体，直接由个人承载，那么作为主播，只要有一定的用户承载和黏性，就完全可以实现自播自销。

这样的未来发展趋势其实是在告诉商家，商家可以有意识地孵化自己的 KOC 团队，以重度垂直的形式，将私域流量汇集到一起，再孵化出拥有个人带货能力的主播群体，建立内容举证，呈发散状态进行内容营销体系的运维，那么在未来 5G 网络到来的时候也许就能够占得先机。商家孵化出的团队一方面可以为自己的产品带货，另一方面也可以通过承接其他品类和产品的推广，带来更多的广告营收，使用双管齐下的方式增加公司的收益。

10.3　满足个性化定制的柔性供应链

有一位广州的服装供应链负责人告诉笔者，只要帮他带货的主播有足够的销售能力，他的产品就可以根据主播的要求来定制，不论是怎样的颜色和尺码，他都能够满足 3 天之内交货 5000 件的目标，这就是"柔性供应链"。柔性供应链能够更加适应直播的高效带货，让产品以最快的速度到达用户的手中。

反观现在的服装品类市场，即便是有着充分供应链优势和粉丝转化优势的 TOP 级网红，在预售环节的战线也很长：工厂需要先打板，再测算成本，加上生产周期，等待半个月的时间是很正常的，尤其是遇到加工环节复杂的冬装，等待的周期会更长。这无形中会影响用户的购物体验，所以在供应链环节，跑赢用户等待的时间是需要考虑的服务优化项目。

很庆幸我们能够看到今天供应链的突破和进步，不少服装加工厂提升了工作效率，增加了流水线，为的就是服务好所承接的直播购买用户，主播只管销售，供应链端可以提供充足的产品保障，出货速度让商家惊喜。

其实只要在直播间有抢眼表现的品类，就都可以通过对供应链的优化去提升柔性供应能力，而且部分品类可以通过高效的生产链路，完成用户的个性化需求。比如在家具品类中，家具的颜色、材料等都可以根据用户需求去定制，商家可以一边直播销售，一边实时跟进订单，满足用户对家具的个性化需求，在 3 天之内完成产品的生产和组装，5 天之内，用户就可以收到这份独一无二的产品，真正做到了"因人而异"的个性化定制。

10.4　虚拟主播的横空出世

2020 年 5 月 1 日，虚拟偶像洛天依的直播拉开虚拟直播的序幕，受到了二次元用户的追捧，其首场直播就有 300 万人次的观看量，兼备话题热度和粉丝热度，洛天依的首场直播可以说是非常成功的，如图 10-2 所示。

图 10-2　虚拟偶像洛天依直播

随着中国动漫产业的飞速发展，越来越多的用户认可并喜欢二次元的文化。近两年火爆的 COS 行业，也带动了一批新兴产业的发展。这一切让整个商业生态变得更加新鲜、更加年轻化。

可能有些用户会问，一个虚拟的主播如何实现带货呢？殊不知虚拟主播带货其实与明星带货并无不同，只是载体转变了而已。虚拟主播有属于自己的性格特征和人设定位，也有自己忠实的粉丝，所以在对标相应类目的产品时，也能够获得一定的话语权。

我们可以大胆设想，虚拟 IP 未来会走进直播间成为广大粉丝追捧的对象，这不仅限于我们所熟悉的迪士尼和漫威形象，还有更多国产 IP，比如熊大、熊二，也能够在虚拟直播中获得一定的突破。

目前已经有直播间可以通过技术实现人脸与动画形象的同步，即在后台工作人员的脸上做技术处理，就可以实现前台的虚拟形象，与卡通形象具有同样的表情、动作，甚至声音的输出都是卡通形象独有的。有很多品牌开创了自己的独立 IP，比如所熟知的国民零食品牌三只松鼠，该品牌从创立之初就以活泼可爱的动物形象吸引用户的眼球。如果有一天该技术可以落地到直播间，商家便不再需要真实的主播，只需要后台的三个工作人员，通过技术将他们同步形象到直播间，那么直播间画面中便会出现"三只松鼠"，这"三只松鼠"一样可以实时回答用户的问题、为产品代言。这样的带货形式新颖又特别，能够在所有的直播中异军突起，获得更好的关注度。

　　从功能上来说虚拟主播也能够解决部分商家的痛点。比如当下的童装品牌商家，因淘宝直播的规则要求，儿童模特并不能在直播间中经常出现，但是如果有了虚拟主播，在直播间就可以设置一个专属的儿童卡通形象。通过技术让儿童卡通形象试穿该直播间的多种产品，让用户可以直观感受到自己孩子穿上衣服的效果，甚至虚拟形象的身高体重也可以根据用户的孩子进行设置，成功解决了模特无法上镜的问题。

　　虚拟主播在一定程度上满足了商家和用户"差异化"的需求，毕竟这是一个人人都想要"出圈"的时代，品牌也一样。如何在当下的商业环境中，为用户带来与众不同的体验，这是一个需要长期思考的问题。

　　不论目前直播发展程度是怎样的，其未来都一定拥有更强的生命力，它的演变形式和成长速度值得所有人期待。随着技术的发展、网络的进步和直播形式创意的展开，我们能够看到，未来的 3~5 年依然是直播高速发展的时间。在这个时间里，如何响应发展红利，为直播做好赋能，是每一个电商从业者都应该思考的问题。

　　从社会学的发展角度来看，人类并不能准确推理出未来的样子，因为事物的发展永远不受当下的拘束，而人类的想象力又如此有限。每一种营销形式的没落也好、兴起也好，都是时代发展的缩影，也是社会文化进步的演变成果，如新生事物替代旧事物一样，发展不会停滞，只是以更美好的样子走出来与用户见面。

　　作为一个直播从业人员，笔者相信很多人与我一样，对直播充满了发自内心的热爱，愿意投入自己最大的精力在直播行业的发展上。我们这样的星星之火也会以爱为能量，汇聚出更值得期待的力量，让世界因直播而火热。

本章习题

　　问答题：大胆畅想未来直播的发展趋势，并展开说说自己可以从事哪些相关的工作内容。

附录 A

每章习题参考答案

第1章

1. 选择题

单选题：（1）C　（2）D　（3）D

多选题：（1）AD　（2）CD

2. 填空题

（1）知识变现、电子科技　（2）商业价值　（3）长

3. 问答题

（1）略

（2）略

第2章

1. 选择题

单选题：（1）D　（2）A　（3）C

多选题：（1）BCD　（2）ABC

2. 判断题

（1）×　（2）×　（3）√

3. 问答题：略

第3章

1. 单选题：（1）C　（2）C

2. 多选题：（1）ACD　（2）ABCD

3. 判断题：（1）×　（2）√

4. 问答题：略

第4章

1. 单选题

（1）B　（2）A　（3）B

2．多选题

（1）ACD　（2）ABD

3．填空题

（1）日常流量、新客引流、老客复购、日销爆款、利益点

（2）优惠力度高、催付、讲解

4．问答题

（1）略

（2）略

第 5 章

1．名词解释

（1）权重是指某个要素对某一事物的重要程度。

（2）每场直播点击进入的观看人数就称为"场观"。

（3）销售额／访客=UV 价值，即每一个进入直播间的访客给我们带来的价值有多少。

2．选择题

（1）ACD　（2）D　（3）ABCD

3．填空题

（1）点淘

（2）直播伴侣

（3）10000/5000=2

4．问答题

（1）请列举出淘宝直播的动态权重（不少于 5 个）

答案：访客停留时长，同时在线人数，粉丝回访率，关注，互动，分享，宝贝点击，加购，点赞，引导成交等。

（2）请写出抖音私域运营的基本策略

答案：私域沉淀、私域存留、活跃和私域转化。

第 6 章

1. 单选题：（1）B　（2）C
2. 多选题：（1）ABCDE　（2）ABC　（3）BCD
3. 填空题：品牌价值、时间成本、小额降价、时间成本、隐形价值
4. 问答题：略

第 7 章

1. 名词解释

（1）达人直播，是指达人通过直播进行商品推介与销售的一种活动形式。

（2）腰部主播，一般是指粉丝数量为 100 万～500 万人的主播。

（3）垂直类主播，是指以某一类产品为直播间主要销售类别的主播。

2. 选择题

（1）C　（2）A　（3）B　（4）ACD　（5）ABCD

3. 填空题

（1）一定知名度　（2）直播坑位费+直播佣金　（3）投产比例

4. 问答题

（1）计算公式：主播合作收益（预估）=毛利[预估销售额-直接成本（产品成本、平台扣点、物流费用、赠品成本等）]-主播坑位费-主播佣金（预估销售额×佣金比例）。主要因素：商品毛利、主播坑位费、主播佣金。理由：对主要因素进行简单阐述即可。

（2）首先，寻找与匹配达人主播；其次，获取达人主播的直接联络方式；最后，进行具体的合作洽谈沟通。

第 8 章

1. 名词解释

（1）直播 feed 即"信息流"，是抖音平台根据用户兴趣对内容进行分发的一种形式。

（2）ROI：投入产出比。

2. 选择题

单选题：（1）D　（2）A　（3）D

多选题：（1）A B D　　（2）A B D

3．填空题：（1）付费流量　　（2）巨量千川　　（3）管家版本

4．问答题

（1）直播推荐，搜索，关注，短视频，抖音商城，其他。

（2）Dou+主要是为非商业的内容推广（即不卖货），巨量千川主要用于直播间带货。

第9章

1．名词解释

（1）"观看点击率""商品曝光率""商品点击率""点击支付率"。

（2）商品成交人数/商品点击人数。

（3）直播 UV 价值是综合点击量和转化率的衡量数据，它是直播间运营成果的综合指标，UV 价值越高，说明直播的成效越好。

2．选择题

单选题：（1）C　　（2）B　　（3）D

多选题：（1）ABCD　　（2）ABC

3．填空题：（1）商品点击人数　　（2）场景人群　　（3）直播间总展示人数

4．问答题

（1）转化率，转粉率，停留时间。

（2）曝光-观看率、关注率、互动率、转化率、人均停留时长、GMP。

第10章

问答题：略

电子工业出版社优秀跨境电商图书

阿里巴巴官方跨境电商系列

跨境电商物流 阿里巴巴速卖通宝典
书号：978-7-121-27562-3
定价：49.00元

跨境电商客服 阿里巴巴速卖通宝典
书号：978-7-121-27620-0
定价：55.00元

跨境电商美工 阿里巴巴速卖通宝典（全彩印刷）
书号：978-7-121-27679-8
定价：69.00元

跨境电商营销 阿里巴巴速卖通宝典
书号：978-7-121-27678-1
定价：78.00元

跨境电商数据化管理 阿里巴巴速卖通宝典
书号：978-7-121-27677-4
定价：49.00元

跨境电商SNS营销与商机 阿里巴巴速卖通宝典
书号：ISBN 978-7-121-32584-7
定价：89.80元

跨境电商运营与管理 阿里巴巴速卖通宝典
书号：ISBN 978-7-121-32582-3
定价：59.00元

跨境电商视觉呈现 阿里巴巴速卖通宝典（全彩印刷）
书号：ISBN 978-7-121-32583-0
定价：59.00元

跨境电商
书号：ISBN 978-7-121-36615-4
定价：79.00元

跨境电商图书兄弟篇

跨境电商运营从基础到实践
ISBN 978-7-121-39147-7
定价：69.00元
出版日期：2020年6月
柯丽敏 等著

主要内容：以跨境电商的业务流程为主体框架，结合跨境电商案例，系统全面地介绍了跨境电商的理论与实际操作。

跨境电商名师力作。
从基础到实践，跨境电商精英之路。

跨境电商多平台运营（第3版）：实战基础
ISBN 978-7-121-38644-2
定价：79.00元
出版日期：2020年4月
易传识网络科技 主编 丁晖 等编著

主要内容：第3版对全书的内容和目录做了重新编排，力求结构分明、兼顾跨境电商新手和老手的需要。

畅销教程全新升级，兼顾跨境电商从业者与院校学员，提供PPT支持。

增长飞轮：亚马逊跨境电商运营精要（全彩）
ISBN 978-7-121-39404-1
定价：79.00元
出版日期：2020年8月
老魏 著

主要内容：14年亚马逊优质卖家，跨境电商优秀创业导师老魏力作！
围绕亚马逊的平台知识和运营技巧展开，系统讲解了亚马逊后台操作、选品思维与方法、商品优化等内容。

亚马逊跨境电商运营宝典
ISBN 978-7-121-34285-1
定价：69.00元
出版日期：2018年6月
老魏 著

作者拥有12年外贸和跨境电商从业经历，助你系统解决亚马逊运营痛点。

阿里巴巴国际站"百城千校·百万英才"跨境电商人才认证配套教程

教程与PPT咨询，请致电编辑：010-88254045

从0开始 跨境电商实训教程
阿里巴巴（中国）网络技术有限公司 编著
ISBN 978-7-121-28729-9

适用于一切需要"从零开始"的跨境电商企业从业人员和院校学员。

跨境电商B2B 立体化实战教程
阿里巴巴（中国）网络技术有限公司
浙江商业职业技术学院 编
ISBN 978-7-121-35828-9

图书+PPT课件+在线视频学习资源+跨境电子商务师认证